Change

寫出活生生的故事，
是為了讓社會看見

Change 14

如果孤獨死將是大多數人的未來

作者：李夏苹

責任編輯：李清瑞
美術設計：簡廷昇
內頁排版：宸遠彩藝
印務統籌：大製造股份有限公司

出版者——英屬蓋曼群島商網路與書股份有限公司臺灣分公司

發　行——大塊文化出版股份有限公司
105022 台北市松山區南京東路四段 25 號 11 樓
www.locuspublishing.com
locus@locuspublishing.com
讀者服務專線：0800-006-689
電話：02-87123898　傳真：02-87123897
郵政劃撥帳號：18955675
戶名：大塊文化出版股份有限公司
法律顧問：董安丹律師、顧慕堯律師

總經銷——大和書報圖書股份有限公司
地址：新北市新莊區五工五路 2 號
電 話：02-89902588　傳真：02-22901658

初版一刷：2024 年 5 月　定價：新台幣 380 元
初版二刷：2024 年 5 月
ISBN：978-626-7063-67-5

如果孤獨死將是大多數人的未來 / 李夏苹著 . -- 初版 . -- 臺北市：英屬蓋曼群島商網路與書股份有限公司臺灣分公司出版：大塊文化出版股份有限公司發行 , 2024.05
288 面 ; 14.8×21 公分 . -- (Change ; 14)
ISBN 978-626-7063-67-5(平裝)
1.CST: 老人福利　2.CST: 社會福利　3.CST: 社會工作
544.85　113003659

如果孤獨死將是大多數人的未來

李夏苹 著

目錄

推薦序

當我們開始面對孤獨死……

洪士峰　國立臺北教育大學社會與區域發展學系副教授

如果說死亡是每一個人共同的宿命，那麼宿命之外，本書作者則開啟了屬於她特有研究死亡的「天命」。

我和李夏苹相識於臺北教育大學多元文化與發展碩士在職專班。查了一下論文指導紀錄，夏苹是從二〇二一年三月開始找我談論論文主題。我們從中低收高齡者的日常觀察、機構老人的處境，一路到獨居老人的志工組織研究，每個主題夏苹都花了一些時間消化研究文獻，看似可行的主題可能因為「機緣」未到而被擱置。找尋研究主題總是讓人感到不確定和沮喪，但往往會出現轉機。

時序來到七月某個夜晚的線上會談，正在區公所社會課服務的她，開始和我聊起工作上處理獨居老人死亡業務的經驗，高阿姨案例裡基層公務員和員警、里長、幹事互動的場景，讓我聽得入神，也確定了這會是屬於夏苹才能完成的論文。身負工作、家庭、學業三重壓力的她，即便田野就在自己的工作場域，也花了一年的時間才提出正式研究計畫，通過計畫後又經過一年的資料蒐集與書寫，在二〇二三年六月完成〈有名無主獨居老人遺體處理及遺產點交的行政流程〉的碩士論文。

書寫至此，讀者千萬別誤會這是一本碩士論文改寫而成的書，雖然當初夏苹跟我透露要以論文同樣主題出書，我也這麼猜想。讀完整本文稿，我要再強調一次，這真的不是碩士論文改寫而成的書籍！明白的說，它跟碩士論文差異頗大，褪去學術書寫的要求，作者更自由地書寫她認為有意義的故事，活生生記錄著獨居老人家庭孤立與經濟困頓的情境，也將在公務體系裡工作者的無奈描繪得栩栩如生。就在硬著頭皮也要研究的「研究生」、想要熱血又害怕連累其他同事的「基層公務員」，以及勇敢的「母親」等三位一體的靈魂附身，才得以將灰暗、冷僻的孤獨死議題，寫得生動有趣。如果要我定位這本書，我認為這是作者作為基層公務員在處理孤獨死業務以及研究經歷中的重新自我扣問。前段我刻意把夏苹完成論文時程逐一記錄下來，主要想表達本書作者尋找答案的究竟旅程是來自於過去研究一點一滴的積累，真誠而且充滿意義。

第一個有意義的發問是誰容易發生孤獨死的討論。依據美國洛杉磯無人認領死亡

（unclaimed deaths）記錄的數據顯示，無人認領遺體的比例隨著時間的推移而上升。一九七〇年代末大約為百分之一・一五，在二〇〇三年上升到百分之三，二〇〇九年再微升至百分之三・一六。其中，又以「家庭孤立」、「經濟困境」與無人認領遺體之間的顯著關聯[*]。這個研究統計分析初步指出，沒有家人在身邊、從未結婚、離婚或分居的狀態有更高機率發生無人認領的死亡。這份洛杉磯無人認領死亡的社會學研究還發現其中的性別差異。離婚和分居的男性有比較高的機率發生無人認領死亡，未婚女性預測了無人認領死亡率的增加。也就是說，男性高齡者比女性更容易因為離婚、分居而與家中親人斷了聯繫而發生無人認領的死亡。總之，無人認領死亡反映了在死亡前幾年和幾個月內的家庭和經濟環境。雖然夏芊描述的幾個案例並不全部屬於無人認領死亡，但也呼應了孤獨亡者的家庭孤立和經濟困境。

第二個意義來自於我們為什麼害怕孤獨死的討論。有份人類學的研究指出，[**]在日本「善終」的腳本包含著去世的人被後代恰如其分地對待為「光榮遺體」（honourable remains）的過程，如此儀式的進行才能使亡者順利過渡到來世，後世子孫才能持續繁榮。否則，任其肉體的腐爛、街頭死亡（street death）是一種「壞死」（bad death），會產生不安定的靈魂（unsettled spirits）是互惠與再生輪迴的對立面，破壞並威脅家庭或社區的秩序。

好啦！不要這麼黑暗，有沒有什麼光明的故事說來聽聽？有啦！雖然人們害怕孤獨死（isolated death），但也可能在社區生活中出現轉機。橫濱壽町因為無家者而發生愈來愈多孤獨死的案例，壽町的社區為防止底層民眾的孤獨死，由社區非營利組織發起「看護志願者計畫」，這是一項預防孤獨死的臨終社區陪伴活動，集合學生志工與社區居民，定期訪問臥床病患、查看患有失智症者的行蹤，以及協助購買日常用品，讓獨居者避免孤獨死。當我們開始面對孤獨死，正視這個議題，臺灣社會也將鋪陳屬於我們避免孤獨死的光明故事。

一開始我就說夏苹帶有特有研究死亡的「天命」，因為她的研究成果已經將屬於個人的煩惱轉化為一個公共的議題。像是配偶或三親等內親屬才能領遺體的規定已經不合時宜，尤其後現代社會出現各種多元家庭型態，當今臺灣法律已經不符其所需。疫情期

* Sohn, H., Timmermans, S., & Prickett, P. J. (2020). Loneliness in life and in death? Social and demographic patterns of unclaimed deaths. *PLoS ONE, 15*(9), 1-17.

** Kim, J. (2016). Necrosociality: isolated death and unclaimed cremains in Japan. *Journal of the Royal Anthropological Institute*, 22(4), 843-863.

間，許多染疫而去世的亡者，無法好好送別的親友至今仍讓人感到遺憾。疫情後，這樣的劇碼還是繼續出現在孤獨死的案例中。明明可以擁有一場屬於個人化的喪禮以安慰活著的友人，卻眼睜睜看見亡者只能進入聯合公祭而徒留遺憾。在這本書出版的同時，我們已經將夏苹的研究發現以及所牽涉之相關法規，提供給立法院三黨團做進一步研議，期待我們的法律能更友善無親屬的獨居者。

前言

孤獨死雖然令人不安，但是時候讓我們來談一談了

距今三年前，從沒想過我的第二本書會是跟獨居老人死亡有關。第一本書是自費出版的詩集。生嫩的出版新手我，配上同樣初出茅廬的出版社與勇者設計師，在出版巨獸面前，用了怪招——詩集的封面以黑卡燙上黑字，各自黏上一隻手工剪裁的毛茸茸的貓咪（也是黑色的），內頁用粉色紙印出我不怎麼修飾的詩句。

自費出版與奇特的書籍封面設計雖然吸睛，但不至於讓詩集大賣。這趟奇幻旅程的展開，要歸因於我跟出版界的不熟。當時寫了一篇〈請問通路，你為什麼賤賣我的新書？〉的臉書抗議文，闡述我在自費出版、自主定價後，卻遭遇了大型通路不由分說地打了七九折販售。那篇貼文意外地獲得不少迴響，也似乎讓我的詩集賣得不錯。帶著詩集，我辦了好幾場分享會，從臺北國際書展到幾間獨立書店，分享會的形式多元，與在北京開過書店的我哥李擴（Tony Li）、大學同學《女子山海》的作者劉崇鳳、張卉君

對談；甚至跨足到北京、上海去分享我的自費出版詩集，現在想起來，這些經歷也太大膽了，簡直不可思議。

我高中時只有一個志願，沒有之二：考上成大中文。讀書和寫作成為我的浮木，是國中陰鬱的升學壓力逼出來的結果。猶記得抱著《紅樓夢》、金庸小說、倪匡科幻和三毛散文入睡的夜晚，攤開六百字稿紙一個字一個字填滿的快樂。在那些日子裡，文學讓我除了滅頂之外有其他選擇，透過書寫，找到專屬於我的立足之地。

如願考上成大中文的我，過了最開心的四年大學生活，盡情遊玩、談戀愛、與同學一同寫詩、排戲、蹺課，自始至終只記得要當個特別的人。未想過出社會之後，我要跟其他人一樣被塞入一個「我個性外向、積極進取、善於溝通協調」的業界罐頭想像裡。在跌跌撞撞換了四個工作之後，我一咬牙投入公職考試，準備了幾個月，考上了普考。成為了一名再也不用擔心主管跟我說：「妳就做到這週五，下禮拜一不用再來上班了」的公務員。

與公務界格格不入的公務員

一開始我對公務員這個工作感到自卑。在我的認知裡，考公務員是不得已的選擇。大學同學蔡小蛙在我第一本書的序裡這樣寫：「今年是我跟並不熟的外星人李夏苹認識的第十五年，最近這五年我都在偷偷生她的氣，因為我想像過她成為女特務，想像過她當卡通聲優，想像過她跑去跳現代舞兼通靈解塔羅牌，想像過她浪跡天涯在沙漠裡拍紀錄片，就是沒想過她如今會是三個小孩的媽媽，職業是公務員。」

在這裡我要先解釋一下，公務員這個職務，顯然是有所謂社會地位存在的，也不可否認是一份穩定，制度相對完善的工作。有些人夢想考上公務員，很多父母也夢想孩子能考上公務員，可能不理解為什麼我會為此感到自卑？哎，就是因為它太穩定、太符合長輩的期待，所以在我的心中，這只是一個不得已的選項，選下去就意味著——我真的無路可走了。自責沒能把自己訓練成一個適合上班的人，才會去考公務員。一開始是打從心底不認同這個身分的，我認為以我的才華和天賦，絕對有更特別、更適合我的工作，就像上面蔡小蛙舉例的那些。

在身邊同學一個一個接著出書之後，我的自卑感開到了最大，成為一個渾身帶刺的人，輕輕一碰，就會像河豚一樣全身爆開。為什麼同學可以在文字的領域發光發熱、出書辦講座，我卻只能打著上班卡和下班卡，纏繞在奶粉尿布之間，辦著那些內心抗拒的活動？那時，我的另一半R甚至遠在對岸工作，我常要獨自面對三個年幼的孩子，遠離我最喜歡的閱讀和創作，更加深了內心的徬徨和自卑。

曾經，文化行政是我認可唯一的出路。滿心以為辦藝文活動、社區營造、文資保存這些事情，是我的天命和熱情所在，離開了這些，我就再也不是我了。可是在文化行政的工作上，我也總是遭遇了外在和內在的打擊。在預算不足、認知差異的雙重作用下，我看到了「公部門美學」主導了活動的主視覺，看到同事甚至我自己，用免費軟體「非常好色」製作活動的海報。桃園藝文陣線辦了一場反諷意味濃厚的活動「公部門美學設計大賽」，刻意使用「非常好色」製作出對比色強烈、圖案粗糙、讓人看了不舒服的「設計圖」，聯想到我們過去為了省經費製作的海報文宣，羞慚不已。寫下了反思的文字放上臉書，又引起一陣熱烈的討論。這些討論甚至還促成了講座活動，應邀跟設計師在薄霧書店對談「公部門美學有事嗎？設計師vs公務員對談」，創下開賣幾個小時，門票就賣光的紀錄，還要加開第二場以消化報名的熱情。

說真話與習慣反思，讓我在公部門成為長官眼中的麻煩人物。我在發文呼籲大家保留僅存的八卦窯磚窯廠，以及人口普查的業務上，站在與長官相反的立場，雖然不能證明因果關係，但我最終被調離了文化行政職務，來到了完全陌生的領域——社會課老人福利櫃檯。

登出文化行政，踏上老人福利新大陸

初來乍到社會課的我，帶著對自身能力的強烈懷疑與省思，對社會行政業務全然無知，遇到什麼都感到好奇、拼命吸收學習。彷彿大航海時代，人類學家初次踏上新大陸，對我來說一切都是新奇的，都需要去了解、消化、探究背後的原因。在社會課我從對陌生業務的戰戰兢兢，幾經歷練之後，逐漸成為了一個全心投入這份工作的人。不僅是工作上的效率、能力提升，也獲得來自於服務的民眾、同事、長官的肯定和回饋。三年下來，這份成長極為顯著，從工作能力到靈魂都獲得大幅度的提升。

社會課的老人福利櫃檯，是個觀察社會百態的蹲點。剛滿六十五歲，拿著市政府寄送的生日賀卡來辦三節禮金和敬老卡的老人；帶著忐忑的心情來低聲詢問社會救助的老人；有走失的記錄或可能性，而被帶來申請「預防走失愛的手鍊」的老人；沒有家人同住、生活無法自理的獨居老人……自幼習慣以文字記錄所見所思的我，常在與情況特殊的老人接觸後的當日，以電腦的記事本程式，寫下我們之間的對話或接觸時令我特別注意的地方。這些田野記錄，慢慢累積起來，隨著時間的推移，變得越來越立體，從單薄無感情的表格文字，變成一個個鮮明寫實的生命紀實。

六十五歲算是人生的一個大考，之前所有累積的事物，無論是關係、財富、負債、健康、病痛，都會成為在轉職成「老人」這個身分之時，無以迴避的重量。我承辦的業務中有許多項目，是在救助掉在貧窮線以下的老人；他們的人生岌岌可危，需要政府的救濟金之外，常伴隨著病痛、失能、居無定所、欠債、被子女拋棄等人生課題。

而我有幸，在這些生命隕落之前，成為接住他們最後一張網子的一條絲線，在他們行過人生的死蔭幽谷時，提供或多或少的幫助。

有別於機械化的服務，我和協辦們有了共識，致力於在第一線展開服務的量能，即使他們被兒女遺棄、被社會邊緣化，但至少遇到我們，願意發自內心真誠地招呼他們，傾聽他們真實的需求，竭盡所能地幫忙。當然，在結構和法規的雙重限制下，常有力不從心的喟嘆，只是，在每一次的失望或徒勞之中，我們學習教訓，尋找突破點，讓一切的努力，至少留下了一個教訓。

無人能保證離世之時不是一個人

在看到終點線前，你無法確保當自己面臨死亡時，是獨自一人，還是其他的情況。即使是有伴侶、有兒女的人，也難保不會是家人中最後一個離世的人。若你離開人世的時候，身邊沒有人可以幫你處理遺體和遺產，全然交給國家的話，會發生什麼事呢？你能確保國家會好好地幫你處理嗎？

身為國家代理人的公務員，在死亡行政新手村的觀察，我只能坦白地告訴你，我真的……很難相信。

比起在一些更為極權或貪腐嚴重的國家，人民對政府採取不信任的態度，遇到事情只能靠自己；臺灣人民在發生社會重大事件時，在檢討、譴責制度的時候，常會把某些復原的希望，寄望於政府部門，尤其是社會局之上。例如二〇二三年九月發生了一起震驚社會的案件，高雄某棟大樓有個男子，持刀殺害了住在樓上，育有兩名幼童的三十幾歲的夫妻，社會大眾在震驚之餘，新聞報導的最後，總是會說：「關於兩名幼童的心理輔導，社會局將派專家和社工持續追蹤、關心。」

我在閱讀魏明毅《受苦的倒影》得到的資訊，以及幾次去社會局開會的印象，這些所謂的「社會局的陪伴和關心」，其實也反映了第一線社工的無力感。

試問，如果你是社工，要如何去引導兩個幼童走出陰影，有多少時間可以建立陌生陪伴？陪伴的頻率又是如何？如果他們小小的心靈就此認為，因為自己「不乖」，吵到樓下的阿伯，造成父母被殺害。這麼巨大的陰影，又豈是一個小小的社工足以化解的？

這個社會把最脆弱的一塊寄託在基層公務員身上？

社會常把期待放在第一線人員的身上，認為「政府既然設立了這些局處，就有能力在人民需要的時候提供協助」。但所謂的第一線人員，真有這個能力去處理和消化所有的災厄嗎？

美國學者利普斯基（Michael Lipsky）發現，位於官僚體制最底層的小員工，才是影響民主法治的關鍵人物，包含老師、警察、社工、書記官、社會行政人員等，這些人負責執行法律與政策，需要與民眾發生大量的互動，利普斯基把這類人稱為Street-level Bureaucrat，臺灣翻譯成「基層官僚」。美國政治學者扎卡（Bernardo Zacka）更是在基層公務機關進行了八個月的田野後，提出了尖銳的質問：「基層公務員是不是一種『有毒』職業？為何他們大多數的人，都呈現出一種病態的道德傾向？」*如我們這般職位、薪水都偏低的「基層官僚」，卻是直接影響那些能接觸到的民眾可否度過生命難關的重要角色。我意識到了這一點，因此想用自身的行動影響周圍的人，把我善於在體制內發現不尋常之處的特質，發揮正面的作用。

另一方面，也藉由我的文章有些許的影響力，試著把自己的所見所聞，傳達給社會大眾，讓這些每天在社會課櫃檯掙扎的邊緣角色，遭受不利處境的人們，有機會獲得更多的關心和力量。

「去找份工作，好手好腳不要問這些。」

有天在社會課櫃檯上班，瞥見隔壁的急難救助櫃檯，來了一位年輕男生，在櫃檯前面晃來晃去，似乎想問什麼，又不敢問。後來，他終於鼓起勇氣，問急難救助的承辦人

* 壽司坦丁 Sociostanding，《基層公務員有「病」：公家機關如何侵蝕道德能力？》，https://youtu.be/zfMtgTNM9Ds?si=GkFbS8-zw0UFkMny。檢索時間：二〇二四年二月十二日。

小玫：「妳好，我想要問一些問題，可以嗎？」

「好啊，什麼問題呢？」小玫抬起眼，淡淡地表示接受他的詢問。

「我想知道，如果一個人在家死亡，沒有親友幫忙處理的話，會怎麼樣？」

「你……」小玫一時回答不出來，臉色充滿狐疑：「你才幾歲，為什麼問這個？」

「就是問問，」年輕人聳聳肩：「先問起來，有個預備？」

「嗯……我看你還年輕，先不要想這些，趕快去找個工作，好好工作，多存點錢，這比較實在。」小玫板起了臉，用一種老成的態度教訓起年輕人：「好手好腳的不要問這些！」

年輕人沒有得到他要的答案，訕訕地走了。

我後來反思，小玫如果能夠拿掉「年輕人不要想這些」的框架，認真地回覆年輕人：「如果一個人在家死亡，沒有親友處理的話，會怎麼樣……」年輕人可能會因為聽到的答案太不確定，令人難以想像，而更願意與社會連結呢？可是，身為所謂的「基層官僚」，我們沒有受過任何教育訓練，告訴我們這個問題的答案。又怎麼能期待小玫能夠給出一個除了「年輕人不要想這些」以外的答案？

為了尋找這個答案，我花了三年的時間，投身在有關獨居老人遺體處理及遺產點交的研究裡。調到社會課的時候，我剛報考並錄取了社會科學領域的夜碩班，正處於尋找論文題目的階段。

在指導教授的引導下，從原先對獨居老人遺產點交這項業務的害怕和抗拒，找到深層的問題意識，再往下延伸。經過感覺如一輩子那麼長的撞牆期，期間嚴重懷疑自己的能力，也懷疑選了這個大家都說很好，但沒人做過的題目，是不是太好高騖遠了？直到我開始讀了一些社會學的書，從零開始建立社會科學的基礎，帶著訪綱問了十七位受訪者，在邊做邊學的情況下，才把我想問的問題慢慢理清楚。

應該有許多人和我前面提到的年輕人一樣，對於「一個人在家死亡，沒有親友幫忙處理的話，到底會發生什麼事」滿懷疑問，卻苦於沒人能問。這本書由論文而生，但拿掉了論文中比較艱澀難懂的部分，希望用更顯淺的方式，讓更多抱持相同疑問的人，可以獲得比較明確的答案。

答案或許令人更加不安，至少是個開始。

第一部

我就是這樣成為
公所社會課公務員

「妳就做到今天，下週不用來了！」

大學中文系畢業的我，初入職場時，根本沒搞清楚職場的狀況。把自我放得太大，不在意職場的規則，依照一路走來的自我訓練，天真地想著要與眾不同，導致找工作時處處碰壁。

在無數沒有下文的投履歷和挫敗的面試之後，我勉強面試上了一個工作，那是一個令同學和家人訝異的產業別——殯葬業。可能我頂著國立大學中文系畢業生的「光環」，成為殯葬領域少見的學校和科系畢業生，所以才被錄取的吧。

首份工作，我還是無法體會一個上班族該具備的態度和能力，所以才上班三個月就遭遇了減薪，後來又面臨被通知「妳就做到今天，下週不用來上班了」的惡夢情境。還因為太年輕，自覺受了傷，和公司徹底鬧翻，進入勞資調解的程序。

接下來的短暫工作經歷，我賣過線上遊戲的寶物，做過房地產廣告文案和翻譯機中文編輯，這些工作要不是沒有前景，就是爆肝又傷害自尊。在收到第二張「妳就做到今天，下週不用來了」的卡片不久，我痛下決心報考文化行政的普考。報考的那一年，文化行政還不是「死亡之組」，但是錄取率也不算高。那時覺得人生別無選擇了，一直換工作實在不是辦法，在和R促膝深談之後，決定考國家考試。

瀏覽了一下各類科的考試範圍，覺得文化行政的書唸起來比較有興趣，科目也與我所畢業的中文系課程較相關，大概花了四個月的時間全職準備，靠著一直以來的寫作興趣，和對文化內容的長期關注，背水一戰。

當時我剛進翻譯機公司任職，外派到西安受訓。下班接到R打來報喜的電話，很難掩飾內心的激動，也不知道一起走路回小區的主管和同事有沒有看出來我的異樣。回臺灣不久之後，我向翻譯機公司遞了辭呈，正式告別了前後加起來兩年左右，四處打滾的上班族生活。

考上公職加入文化課

正式登入公務員伺服器，我加入了全國第一個成立「文化課」的區公所團隊，開啟了假日不斷辦活動的日常。

從前的我，可能因為無從比較，偏愛文化類工作，排斥其他的業務。雖然在多年的訓練下，揮別了一開始那個完全不知道該怎麼上班，跟團隊格格不入的人，依然無法把自己變成一個善於執行命令的屬下。對於業務，我通常都想太多。接收長官交辦下來的任務，我會思考：「這有必要嗎？這有意義嗎？除了這個土法煉鋼方法以外，有沒有更聰明的辦法？」

但那時我內在的鍛鍊還不夠，通常只看到問題，卻無法提出能夠執行的解決方案，天真地認為我既已點出問題，並獲得這麼多人的同感，長官應該要跟著改變作法；卻沒考慮到在官僚體制中，我的長官們也只是奉命行事的基層官僚，做不了全面性的改變。也因此，幾次衝突下來，成為長官眼中的麻煩人物。

記得剛成為公務員的時候，我有一天還是做了惡夢，夢裡忘記捅了什麼漏子，長官忿忿地說：「妳就做到今天，下禮拜不用來了。」

隔天我心有餘悸地分享這個惡夢給同事，同事笑著說：「妳不用擔心啦，公務員沒有這麼容易被 fire 掉。我們有銓敘部的保障。」

從文化行政轉職社勞行政

社群媒體臉書成為網路使用者的主要聚集地之後，我成為一名臉書的重度使用者，享受著文字被大家看見，分享和回應的滿足。也因此，每次遇到工作上覺得不合理的事情，我在向上反應後發現沒有獲得滿意的改變，就會借用臉書的平台，用我擅長的文字作為載體，闡述問題的同時引發讀者共鳴，希望能因此改變一點什麼。這些揭露問題的文章，也總是獲得許多迴響。

具有感染力的文章和讀者效應，可能讓機關更加頭痛了。我的文字開始累積一點一滴的影響力，隨著文章愈寫愈多，影響力就愈大。我所主張制度內的「不合理」也通常是事實，兩者加成之下，會引動一股我也料想不到、控制不了的力量，甚至對機關會造成某些傷害。

我自認為是一個不太會推工作的人，至少在自己的部門，當同事的業務太重，或同事表示這項業務沒有能力處理時，我有時會主動提出要分擔業務，或是請主管調整業務。而二〇二〇年，壓垮駱駝的最後一根稻草，就是疫情過後的活動大爆發。回想當時，幾乎每個禮拜都要加班辦活動，同時又出現了另一個噩耗：雖然我們有外包廠商，活動的練習還要晚上排班去盯。而同一個時間點，我被指派為人口普查員（沒有經過徵詢意願的程序，直接指派），要支援其他課室去做我完全不熟悉的人口普查業務。

冥冥之中的安排

如果人口普查很好做就算了，偏偏第一次擔任人口普查員的我，又被分到很難做的一區。那是覆蓋了大量租屋市場的公寓，比起傳統的社區，難度高出很多。換句話說，當我在普查准許的下午半天公假去現場敲門或按門鈴時，幾乎都不會有人回應。必須犧牲晚上或假日，去完成普查需要的百分比進度。但是，別忘了，那段時間活動大爆發，我假日幾乎都要加班啊，而且晚上也被排班要去盯活動練習的進度？

「陪我去跑人口普查。」記得那一天，我背著包包，拉著R的手，要他陪我去普查區域跑人口普查，卻遇到了R相當不解的回應。

「跑什麼普查？今天是週日，妳昨天還在辦活動，前天晚上也在忙活動，妳能不能休息一天呢？」

「不行，人口普查會被追進度……」

「這太不合理了啦！妳不要去！」

「我……」

原本以為R會支持我所有的事，沒想到那一陣子，連R都受不了工作占據了我全部的人生，但我又不敢自己一個人去跑人口普查，想到要一間一間地敲門、按門鈴，打開門，看到不友善的臉，或者只穿一條內褲，上半身一絲不掛的陌生男子，我就忍不住倒抽一口氣。

總之，在我發文抱怨人口普查業務的血汗艱辛，並被媒體轉載之後，又碰上當時為了保存磚窯廠，和長官意見分歧，引發強硬的碰撞；這些加總起來，某天突然得知要被調整到社會課，就不是一件太令人意外的事。

但被告知要調職的那個當下，我仍然是滿懷震驚的，只是表面故作鎮定。我似乎沒有想過我會離開文化行政，進入其他領域。雖然在人文課的時候，我就報考了臺北教育大學社會與區域發展學系的夜碩班，我選的科系是「多元文化與發展所」，我一直認為這個選擇是和我的人文工作相關。後來，被調去了社會課，接觸到社福領域，才知道原來冥冥之中，我已經在為社會課的工作奠定基礎了。

事後來看，或許，當初以為的創傷原來是個禮物。如果沒有當初那個調動，就不會有你手上這本書了。應驗了一句話：要相信。一切都是最好的安排。

老人福利櫃檯：異文化衝擊的田野

當我從人文領域降落在社會領域，那是一個全然陌生的新大陸。我之前的工作從來都不是臨櫃業務，週末加班辦活動是家常便飯，活動淡、旺季界線分明。旺季不用多說了，平日假日都是忙碌的上班日；淡季的話，平日的工作比較彈性和鬆散，一次請很多天的假（消耗假日加班辦活動累積的補休時數），只要能找到職務代理人（通常是代而不理），也都沒有太大問題。

可是臨櫃作業就不同了，社會課的業務最大的不同之處，就是我們「絕對不能讓櫃檯空櫃」。我們機關的社會課，是以分組的方式在作業的，每一組有二到三人，社區組比較大，有時會到五人。在疫情最嚴峻的時刻，若有同事確診，隔離七天起跳，這對櫃檯業務來說是非常艱難的挑戰。我們當時還「分流上班」，我和一些同事搬到三樓大禮堂，作為一樓第一批不幸有人確診的救援人力。回想那兵荒馬亂的日子，一樓的同事們皮繃得更緊了，這意味著，原本已經不足的人力，又要分流一半。

絕不能空窗的社會課櫃檯

「保持上班日八點整到下午五點整櫃檯一定有人」，是承辦在社會課生存的必要條件。之前有櫃檯三個人員都晚於八點才來上班，就遭到其他櫃檯強力譴責和長官警告。社會課櫃檯是小組作戰，所以和「協辦」的相處很重要，以前在人文課時，我們沒有真正的「協辦」，業務助理通常負責送公文，或者多個業務共用一個助理協助工作。

在人文課辦活動時我常常覺得很孤獨，一個承辦要面對好幾百萬標案的活動，壓力很大，卻沒有被同伴支持的感覺。但在社會課，我學到了如何帶領一個小小的團隊，透過授權和合作，讓我們櫃檯的客人——老人們感受到我們櫃檯展現出來的熱忱和專業，這個學習對我而言是很珍貴的經驗。

初到社會課時的我，難免自我否定，畢竟這有點像是古代文人，好不容易考上科舉，做了官，結果得罪了皇帝或朝臣，所以「被貶官」或「被流放」。我並不是說在人文課辦活動比在社會課櫃檯工作更「高級」，而是如果我辦活動辦得很好，那多半不會莫名其妙被調去社會課櫃檯，對吧？我那時候的想法，是「我應該是做錯了什麼」，而我在遇到任何狀況或挫敗時，總是優先檢討自己，因此一開始到社會課的時候，我的自信心是有些低落的。

但是在社會課從事社會救助的業務，對我來說有一種奇妙的治癒力量。看到生活困頓，來尋求社會救助的老人，發現我手上握有權力，可以立即有效地幫助他們，這本身就是一件令人驚嘆的事。佛家有「聞聲救苦」的說法，或許可以拿來描述這種感受。有的同事會很計較「這個人是裝的，跟別人比起來根本就不可憐」，而糾結在是否要發放補助；我沒有這方面的糾結，我總覺得，會來到這個櫃檯，應該都是生活真的有困難的老人，法律的確明文規定六十五歲以上是「非工作人口」，那麼到了這個歲數，你之前累積了什麼不是一目瞭然嗎？

換位思考一下，我如果滿六十五歲，有足夠的退休金、可收租的房產、會孳息的股票或投資，老早就天天飛出國，在世界各地遊山玩水了，還需要老著臉皮到社會課櫃檯問：「請問有每個月可領取的老人年金嗎？」忍受櫃檯彷彿跳針一樣的回答：「老人年金你是指什麼？勞保退休金？還是國民年金？」即使他們真的是「裝」的，但只要申請條件符合資格，政府就應該給予補助，不是嗎？

拿名牌包就是假低收？社會課櫃檯不同的審案思維

有些同事會覺得自己有義務要替國家財政把關，不可輕縱那些知道審核規則，故意藏匿財產，來申請社會救助的假低收。也許在社會課的現場，他們看過不少領低收補助卻開賓士、拿名牌包的例子，我在了解了這些社會救助津貼的發放規則之後，可以理解這些少數所謂「假低收」為什麼會這麼做。在計算相關資格的時候，如果突然有一筆收入，假設是家中有人死亡的保險理賠金，這筆錢一但入帳，在年底福利總清查的時候，會被列入動產計算，如果不花掉的話，極有可能就過不了複查。從本來有每月津貼、教育補助或健保補助的狀況，變成所有支出都要自行負擔，前後差距太大了。

所以，與其把這些錢放在動產，造成複查不通過的結果，不如儘早花掉，拿去買像是車子、名牌包、高價手機之類，一次可以花掉很多錢，卻不會被總清查列入財產計算的物品。

中低收老人的性質，又和低收入戶不太一樣。對於低收入戶，政府會站在「因為家中有學齡兒童或身障家人、老人要扶養，但是工作人口的收入不夠用，所以先暫時性地發放救助金，扶助這個家庭脫貧」的立場，協助低收家庭把學齡兒童扶養長大，成為工作人口，輔導他們就業，以繳納稅金和助家庭脫貧。甚至還有「兒童發展福利帳戶」的設計，標榜「你存多少錢，國家就幫你存多少錢」，存款變兩倍的概念。

而中低收老人，是法定工作年齡之外的一群弱勢族群，他們一旦領了中低收老人生活津貼，脫貧的機會相對渺茫（除非老人或子女突然中大樂透），多數只能一直領津貼到老死。在「中低收老人生活津貼」微薄的救助金後面，等著他們的也許是「失能老人機構補助」和「重病住院看護補助」。因此我對每一位前來求助的老人，都是用真誠的心傾聽他們的需求，而不是揣想他們在哪裡藏了一筆錢，卻來詐騙救助。

老人福利櫃檯的空氣改變了

抱持著這樣的心態來帶領老人福利櫃檯團隊，我發現空氣改變了。我的兩位協辦，波咖和阿光本身都是很有愛心的人，他們受到我的影響，對來櫃檯洽詢的老人，都是竭盡心力提供幫助。在我們櫃檯，常看到老人家滿臉感動的神情，有些老人會誇讚我們：「服務得很好，跟一般的公家單位印象差很多。」

老人櫃檯成為我在公部門的新蹲點，也藉由就近觀察來此洽公的老人和他們的家人，了解這個社會實際上的脈動，往往有別於我們在電影或戲劇中看到的，是更為真實、難以迴避的人生實況。因此，老人櫃檯成為了我的新田野，在此捕捉異文化撞擊的痕跡。

以前我並未清楚意識到，人生種種的選擇，會在六十五歲這一天進入到驗證的階段。我和協辦服務的老人櫃檯，最常見的「來客」是拿著粉紅色的生日卡片，到公所辦三節禮金和敬老愛心卡的「初老人」；他們也許上個月，還跟你我一樣在職場打拼，一轉眼就被貼上「非工作人口」的標籤，還未適應人生的新階段。我不知道他們之前從事什麼樣的工作，也不知道他們未來會以什麼度過餘生。但從他們的衣著、談吐、會不會寫字、說話是中氣十足還是畏畏縮縮，看久了大概可以猜出端倪。

在老人櫃檯，我遇過九十幾歲被房東趕出來，坐在陸籍女性友人推著的輪椅上，表情茫然的老爺爺；年輕時家暴受害，好不容易脫離受暴者身分，老年卻陷入孤貧的阿嬤；剛出獄又過了六十五歲沒有人願意雇用，最後路倒死亡的更生人；從火車站借錢搭車回戶籍地，卻被拒絕受理中低收老人申請，不知該往何處的無家者……我常猜想，這些人的人生，究竟是如我們刻板印象中，每一步都走錯，所謂「可憐之人必有可恨之處」才落到如此境地？又或者，他們其實只是和我們一樣的人，曾經有相愛的伴侶、可愛的孩子，曾經勤勤懇懇地工作，努力存錢，卻在命運的擺弄下，最終成為我見到的落魄慘況？

對公布欄裡「有名無主」遺體身分的好奇

比起這些還能出現在櫃檯讓我暗自猜想人生境遇的老人，以「有名無主」的身分化為一紙一紙的公文，被張貼在瀏覽率很低的各鄉鎮市公所公布欄，那些「本市某某某，於某年某日某時去世，遺體暫放於〇〇殯儀館，目前無家屬處理喪葬事宜。倘公告期滿無人認領，本公所將依規定辦理後續事宜，家屬不得異議」的遺體，更引發我強烈的好奇心。

他們是誰？為什麼沒有人來認領遺體？華人總說「死者為大」，為何他們死了卻變得如此渺小？國家介入處理遺體，會怎麼個介入法？對於「死者為大」的華人文化而言，這些曾跟我們一樣經歷人生的哭笑悲喜，曾經有血有淚的人們，最後卻以「有名無主遺體」的方式被國家接手處置，他們在天之靈（如果有的話）如何看待這件事？他們會滿意國家的「服務」嗎？

要回答這些問題，我們可從獨居老人關懷系統談起。

從退信開始的「消失的老人」循線解謎

隨著工作上累積越來越多獨居老人的接觸經驗，我開始清晰地知道，原來獨居老人是現代社會建構出來的弱勢群體。而在我所居住的國家，我們號稱有「獨居老人關懷系統」可以接住這些老人，但依據衛生福利部統計處公布的「列冊需關懷獨居老人人數及服務概況」，近十年來「列冊需關懷的獨居老人」卻從四萬九千人，下降到四萬六千多人。而依據內政部不動產資訊平台二〇二一年統計，「僅老年人口居住宅數」全戶都為六十五歲以上老人的住宅數，已達六十二．七萬宅，比十年前幾乎是翻倍成長。其中僅一名老人獨居的宅數，也從十年前的二十二．六萬宅增加到四十七．七萬宅，且全臺獨居老人宅數占僅老人宅數的比例，已高達百分之七十六。

為什麼在兩個中央部會的統計數據上，獨居老人人數會有這麼巨大的落差呢？觀察在「列冊需關懷的獨居老人」業務上，獨居老人的通報會經過頗為嚴格的審視，以社工的術語叫做「初評」。例如有子女住在同縣市的，就不會成案。縣市政府每年會辦理獨居老人的聯繫會報，由此得知關懷社工的人力嚴重不足，也許因為這樣，才會讓「列冊需關懷的獨居老人人數」維持在詭異的四萬多人，無法反映出真實的情況。

在獨居老人的關懷系統中，被註銷資格的因素有幾種：

一、死亡。

二、戶籍遷出。

三、與家人同住。

四、雇有契約照顧者。

五、接受安置。

六、其他。

內含關懷社工記錄的獨居老人關懷系統，對公所承辦人我來說，是個便於追蹤個案狀況，了解各單位介入情形的媒介。但我發現，假使獨居老人進入了「安置」的階段，無論是自費入住機構，還是被社會局緊急安置，在系統中就斷鏈了，最後的關懷記錄或許是這樣寫：「居服員告知個案已被安置，故結案。」雖然我不是社工，但公所承辦每一季要填寫獨居老人報表，讀取了這麼多則訪視記錄後，也不知不覺會想要關心這位老人家的狀況，每次讀到「接受安置」的個案，有一種線索斷掉的感覺，內心有些遺憾。

我和協辦在三節和重陽節的前夕，會寄發通知單給「已符合資格，尚未來申請禮金的老人」。依信件的顏色（我們每一節都會用不同顏色的A4影印紙列印通知單，以利分辨，例如春節用粉紅色、端午用淺藍色、中秋用淺綠色、重陽用黃色等），每節寄出的通知單數量大約在一千封左右，陸續會收到退信，數量加一加也有一小疊。我起先不知道要怎麼處理這些信，向比我資深的協辦請教後，他們的作法很簡單粗暴，即是用橡皮筋綁一綁，塞進鐵櫃存檔。

隨著我發出越來越多節的禮金，存放在鐵櫃裡的退信累積起來，也很可觀。感受到鐵櫃中能使用的空間愈來愈小，有一天，我忙完手上的業務，突發奇想開始查看這些退信。我用excel檔統計節日、老人的姓名、地址、退信數量，發現名字的重複率很高呢！幾乎都是同一批人不斷地被郵局退信。這些老人究竟到哪裡去了呢？顯然他們並不住在戶籍地，那我們每一節都不厭其煩地寄通知單，郵局也不厭其煩地退信回公所，身為公所承辦我卻沒有思考過其中的意義，是不是有點太像機器人了呢？

我開始檢視這些戶籍地址，運用Google地圖及退信上記載的資訊，逐漸勾勒出線索。例如，有些地址在行政區劃分的演變中，已經廢止使用，但有些老人的戶籍卻依然採用舊地址，顯見他們的戶籍資料已幾十年未變動，時間彷彿凍結在舊地址的那個年分。另外有些老人，他們的地址用Google地圖查得到結果，甚至還能用街景功能看到當地的景色，郵局的退信上卻蓋著大大的「查無此人」。

聯想到前陣子有個新聞：孫女在與老師的對答中，無意間透露「阿嬤在冰箱」，揭發老人死於家中無力殮葬的社會現實。也許社會行政的工作人員，需要一些對議題的敏感度，才能從工作日常的瑣事中，揭開社會角落不為人知秘密背後的故事。

T市的人口一直在增加，老人的人數也隨著超高齡化社會，邁入了驚人的成長。我收到的退信愈來愈多，只有極少數用數位資訊交叉比對有找到結果，並找到人。絕大多數的退信還是靜靜地躺在鐵櫃，我不確定寫出來，有沒有辦法連結到比我更會找人的單位或人，願意一起合作，把這個「循線解謎」遊戲完成。

退信解謎之一：獨居老人系統裡的現住地址

協辦波咖受到我努力查看比對退信的影響，也在我們寄出重陽禮金申請書被退回時，多留意了一下。有一天她興奮地跑來跟我說：「這一件寄到戶籍地址被郵局退信，但我在獨老系統裡面，有找到他現在居住的地址。」

「真的？」我接過那封退信，也登入獨居老人關懷系統，輸入退信上的名字之後，果然如波咖說的，跑出了另外一個通信地址。

這位獨居老人，在社會局外包的關懷獨居老人單位的訪視記錄中記載著：他曾入住機構，但眼看著機構的同住鄰居，都是失能等級很高的老人，害怕自己很快也會變成失能的狀態，所以自願退住機構，回到社區。他父母都不在了，單身沒有子女，又超過六十五歲很難找到工作，於是租了房子獨居。儘管有弟弟住在附近，也會互相聯繫照應，可是弟弟屬於「無扶養義務的同住家人」，仍被通報並列冊為獨居老人。

我們依照獨居老人系統顯示的地址重新寄出通知單，這一次，終於沒有再被退回了。

這位老人家有很嚴重的重聽，他拿著我們重新寄出的信，來公所申請的時候，一直聽不清楚我們說的話，後來用紙筆和他對話，才能順利溝通。獨居老人關懷系統中，社工打電話關懷時的記錄，也都是打給他的弟弟，詢問他是否安好。幸好他還有這個弟弟，否則，聽力障礙好像會加深孤寂的狀態，如果有一天連弟弟也不在了，他會有多麼孤獨呢？外界又要如何聯繫他？希望不是我又想太多了。

退信解謎之二：查無此址的背後原因

「我是某某某，收到你們寄來的信，叫我來申請三節禮金。」

某天在我們老人福利櫃檯，出現了一副瀟灑的面孔，聽到他的名字，看到他手上拿的信不是一般的通知單，而是我們重新包裝寄出的信，我和協辦都快要跳起來了。

「您終於出現了！」我們難掩驚喜：「您的戶籍地址早就無法投遞了，信每次寄出都被郵差退回，您要去戶政改個地址啊，不然重要的信件都收不到！」

「喔，戶政改地址要繳那個地價稅……繳不出來，難改啊。」

「喔喔喔，原來是這樣……」我們恍然大悟：「那我們幫您把系統改成您收得到信的地址喔！」

（以上對話其實是用臺語進行的，但我臺語文很破，只能簡單翻成我慣用的中文；很慶幸兩位協辦的臺語都很溜，讓我省心不少。）

這一件案例很幸運，雖然戶籍地早已查無此址，被我發現他戶籍裡的家人都用另一個地址，抱著姑且一試的心理，專程掛號寄了一封通知信到這個地址，結果竟然真的找到了本人。

他穿著一件印著醒目宮廟名稱的衣服，看樣子過得還不錯，身體硬朗、精神颯爽，一掃我之前擔心他跑路或者早已不在人世的幻想。看到他出現我們真的很振奮，我的「消失的老人」循線解謎又拼起了一塊拼圖，希望接下來還有機會見到被多次退回信件的主人，平安健康地出現在我們面前。

退信解謎之三：特殊姓名＋搜尋引擎

我皺著眉頭看著退信上的名字。每節都被退信的名字基本上我看到就「認得出來」，這個名字明顯是第二次出現了，上一個節日它被退回來我們手上，我有注意過名字上的罕見字，但上個節日時，我沒有特別去追蹤名字的主人。

一次可以略過，但再次看到就按捺不住了。名字上的罕見字連號稱字典系（順便正名一下：是中文系不是字典系！）畢業的我都唸不出來，上網查了「異體字字典」，才終於找到它的讀音。

靈機一動，把整個名字丟上網看看。這麼特別的名字，應該出現的查詢結果就只有本人了吧。以我自己的名字為例，搜尋結果絕大部分都是我自己幹的好事，名字用罕見字的結果有好有壞。我自己觀察，其中一個好處就是，我會為了Google搜尋結果，而去做一些本來沒勇氣做的事，當然，前提是只能做好事。名字用字罕見，無法推託給別人，要記得「留給Google探聽」啊。

搜尋結果出現，嗯？連結到的網頁都是和某某大學有關，直指我搜尋的那個名字，是某某大學的教授。

教授嗎？

才剛跟指導教授、口試委員打過交道的我，對於大學教授的習性也算有些掌握，思考之後我寄了一封信出去，收信人是搜尋結果的某某大學網頁提供的教授電郵信箱，信中寫道：「冒昧打擾，我是公所三節禮金的承辦人，因為在寄發三節通知單時，陸續收到與您的大名相同的退信兩封。由於名字的字比較特別，我使用搜尋網頁搜尋了一下，發現某某大學的網頁上，有著您的介紹與電郵信箱。為了維護申請者的權益，我幾經考慮，還是決定寄這封電郵給您。若您是退信的收件者本人，那當然是很好，在此通知您尚未辦理三節禮金之申請；若您不是本人，只是同名同姓者，那也很好，因為這樣我們就排除了一項可能性，可以繼續往下搜尋。

如您是退信收件者本人，僅需填寫通知書背後的申請表，附上『身分證正反面影本』並於蓋章欄位蓋章，掛號或親送到公所，如有疑問可以撥打公所電話。」

按下送出鍵之後，才隔了一天，我就收到了回信。

「李小姐您好，我是某某教授，那兩封退信收信者確實是我本人，非常感謝您的通知。我將於近日內將申請書填寫，掛號寄至公所，感謝您的協助，祝順心愉快。某某某敬上。」

循線解謎遊戲又解開了一題。只是我覺得這個例子是個特例，因為名字罕見加上又是大學教授的機率太低了，每一節我都還是會收到用綠、藍、黃或紅色A4影印紙製作的通知單，上頭蓋著查無此人或查無此址的退信。退信在鐵櫃裡愈積愈多，也沒有人告訴我們應該要怎麼辦。

無人認領的退信，除了極少數幸運找到主人，順利完成申請手續的那幾封信，會不會正好對應了一個無人認領的獨居老人的遺體，或無名屍呢？我想著我在訪談中出現的那些冰存過久的遺體，想著榮服處那些超過一百歲，早就不在人間，卻被同袍記著他當初埋在哪一塊磚頭下的榮民伯伯。

之前不能理解為什麼「臺版柬埔寨」* 事件裡，會有人被不法集團限制自由，拘禁在小小的空間，卻沒有家人跳出來找他們。看著這些不斷被退回的信件，我心中好像有個隱隱約約的概念，也許我認知的世界太狹隘了，這個世界上，不是每個人都有家人，也不是每個人都活在愛裡……

這些生命存在的痕跡，如此微小，又如此沉重。在領著死薪水，以安穩度日為前提的公部門，即使偶爾閃現出警訊，有誰辨識得出來呢？

＊ 被臺灣媒體譬喻為「臺灣版柬埔寨求職詐騙案」是二〇二二年十月至十一月發生在新北市、桃園市的求職詐騙凌虐暨致死案。新北市政府警察局刑事警察大隊指出，總計有六十一位受害者遭到求職詐騙而被囚禁在新北市淡水區與桃園市中壢區的社區大樓，並且收走身上金錢、證件、手機與銀行存摺，其中三位受害者遭凌虐致死。出處：維基百科，https://zh.wikipedia.org/zh-tw/ 新北桃園求職詐騙凌虐致死案。檢索時間：二〇二四年二月十二日。

第二部

我在老人福利櫃檯看見的日常與艱難

受暴阿嬤的老年悲歌

「夏苹，櫃檯的阿嬤拿著中低收老人不符合的公文，我們幫她查，是因為女兒的關係，所以過不了……」

早上我正埋頭在系統裡撈一個里的六十五歲以上老人名冊，我們每遇到節慶，就會有很多這種來要名冊的公文。小協辦波咖悄悄走過來跟我說。

「喔，好……」我看了櫃檯一眼，坐著一個頭髮說不上花白，但拄著雨傘，外型偏瘦的老婦人，我起身走去櫃檯聽她自己怎麼說。

「我跟女兒已經十多年沒有聯絡了，是我第一任老公生的，一男一女，辛辛苦苦養大的，兒子更早就不見了（應該是失聯），女兒原本還有來往，自從我跟第二任老公結婚，我女兒反對，女兒後來自己也離婚，就沒有再聯絡了……」

老婦人看著手中的公文，頭愈垂愈低：「鄰居說申請這個（指中低收老人生活津貼）很容易通過，怎麼我申請起來就過不了，女兒、兒子都沒有聯絡了，是死是活都不知道，國民年金每個月領四千元根本就不夠，物價愈來愈貴……以前還能在餐廳打工，現在年紀這麼大也沒有人要雇用我，要過不下去了，這該怎麼辦？」

我迅速在腦袋中盤點了一下：中低收老人不符合→有扶養事實，所以不能走《社會救助法》第五條第三項第九款，排除扶養義務→那就只能走扶養訴訟了……扶養訴訟，雖然有看過判例，但是沒有實際走過流程，沒經驗啊，其實我也不知道應該怎麼開始。

但我知道有人可能知道要怎麼開始，而且我那時才剛通過論文計畫，好像拿到什麼宇宙通行證一樣，以前不敢去問（內向者的情結）的人事物，現在彷彿借到了膽子，冒出很多瘋狂的想法和理直氣壯的行動。

陪老太太過馬路去對面家服中心找社工

「走吧，我陪妳去對面家庭服務中心問問社工。」我跟老婦人招手。

陪她一步一步走出公所，因為拄著雨傘，她的腳步比一般人慢，過馬路的時候我有點擔心她會被車撞或被無良駕駛按喇叭，也終於明白為什麼大家提到的做好事第一名就是：扶老太太過馬路。

路上她告訴我心酸的故事：「我第一個老公很壞，會打我，我受不了離婚了，第二任老公對我很好，可是他身體不好，生病了六年，我把我的積蓄都花光了，結果他就走了……」

「是喔，妳辛苦了。」我只能笨笨地說。

「我女兒原本還會理我，她自己也生了兩個孩子，一男一女，可是，她跟我第一任老公一樣，會那個，家暴，所以……我也不知道要怎麼說，後來就沒有聯絡了。」

「小心喔……這裡妳有來過嗎？」我還是不知道要怎麼安慰她，只能指著戶政前的無障礙坡道問她：「妳要走那邊嗎？」

「有，我上次有來過，就是來辦你們櫃檯的業務，來這裡申請戶籍資料。」她往斜坡移動：「對，我走這裡，比較好走。」

我帶她搭電梯到圖書館二樓的家庭服務中心門口，不知道廁所旁的那扇木門（以前是我們文化課的據點，我曾在此辦公數年）有上鎖，想推開卻推開不了。

一抬頭看到我們的前同事梅大姊，昨天我才找她聊過，知道她在家服中心當志工，真巧今天又遇見了。

一旁的警衛先生幫我們開了門，問了來意，我說：「呃，我是對面公所中低收老人的承辦，我帶這位中低收老人不符合的阿嬤，來問問看這裡有沒有什麼服務可以協助她。」

值班的社工是個年輕的女生，她很專業又親切，微笑請我和阿嬤坐下，問我：「那妳要先回去嗎？我晚點打電話跟妳說我們服務了她哪些內容。」

「呃，不用，我可以……在這裡旁聽嗎？我也很想了解你們服務的方式。」

服務專業，讓人倍感親切的社工

「好啊、好啊，沒問題。」她點頭表達歡迎，轉頭開始詢問老婦人：「阿姨，妳怎麼來，住哪？山腳下喔……有點遠耶，妳搭公車嗎？」

「對，我搭公車來的。」

＊　我陪這位老婦人過馬路的時間點，是交通部還沒針對禮讓行人祭出罰則的年代。當時行人過馬路非常危險，過太慢會被按喇叭。二〇二三年六月三十日通過修法，如駕駛未禮讓行人，最高罰新臺幣六千元。行人的交通優先權改善很多了，但在臺灣過馬路還是要小心那些不在乎被罰錢的駕駛。

「那我們這邊有一些安家銀行的物資，妳待會拿回去，會不會太重？妳會自己煮嗎？給妳一些米方不方便？」

「我很少自己煮……不過米的話可以啊。」老婦人回答。

「我們會給妳一些米、奶粉、罐頭，還有麥片，妳需要泡麵嗎？」

「泡麵不用。」老婦人說：「上次里長來有發一些，我吃不慣，太油了。」

「好喔。」社工邊說邊把她提到的食物整理了一袋，遞給老婦人，並請她在安家食物銀行的表格上簽名：「阿姨，妳一個人住？」

「對。」

「妳住哪？房子是誰的呢？」

「我住我第二任老公留下的房子，房子有一半是我的，另外一半，因為我老公那邊的親戚有欠債，被法拍了。」

「法拍？那需要搬家嗎？」

「法拍沒有賣出去，沒人要。而且我有二分之一的產權，我要住到我死啊，沒有錢可以出去租房子。」

「喔，法拍沒有賣出去那還好，那妳現在的收入來源是什麼？」

「就我妹妹的兒子還會理我，我住院，心血管開刀，醫療費都是他付的，他也不肯跟我說多少錢……」

「所以是妳妹妹的小孩，會幫妳出一些生活費和重大開銷？」

「我記得剛剛阿嬤說，她每個月有領四千多塊的國民年金。」我補充了一句，老婦人點頭稱是。

「好，所以阿姨妳去申請中低收老人沒過嗎？原因是什麼？」

「唉，他們說我女兒的錢超過，我看看公文喔……」老婦人在袋子裡掏摸出我發文給她的那張不符合公文，上面寫著因為全戶的動產（包含存款、有價證券、投資）超過，還有全戶的不動產（主要是女兒）也超過，所以她不符合資格。

「那妳有扶養妳兒子、女兒長大嗎？」社工問。

「有啊，養到這麼大，結果我老了，竟然丟下我不管了……」我這才注意到老婦人的臉頰有水滴，不知道是眼淚還是剛剛辛苦走過來的汗水。

「因為妳有扶養他們，所以只能走法律途徑了。」社工和我的看法一致（但這是多麼不合理的規定），拿了一張法扶基金會的單張和地圖給老婦人：「阿姨，我跟妳說，妳先打電話去法扶基金會，跟他們說妳的情形，他們會評估妳的狀況，這張單子有列出妳可能需要準備的東西，妳再跟他們確認看看喔。」

「好……」老婦人看著單子。

「還有阿姨，妳一個人住，有鄰居或者誰平常會關心妳嗎？」

「沒有，我住在ＯＯ科大附近，都是學生租房子比較多，附近的鄰居，都比較自私，里長也很少來。」

「那妳有符合獨居老人的條件，我們這邊會通報出去，讓關懷獨居老人的社工，去跟您聯繫喔。」

「好。」

「請問你們這邊關懷獨居老人的單位，也是ＯＯ協會嗎？」我問。

「對啊，」社工回答，順便問我：「妳們公所這邊？」

「我們也有協助通報，會直接到二代社政系統去 key 案子，然後發一封電郵通知他們。」

「喔，真的喔？」社工也對這個流程感到興趣：「妳們會直接去二代社政系統 key 資料喔？」

「對啊。」我說：「可是我覺得，好像我們公所端 key 的案子，會比較慢被處理。」

「這樣嗎？哈哈哈？」社工笑了出來：「那……我再去了解一下。」

社會安全網裡的日常

這是我去家庭服務中心和社工接觸的初體驗，之前都是社工帶著案子來申請中低收老人，之所以陪老婦人過去，因為我很想了解系統裡的每個環節，社會安全網裡的日常是怎麼運作。

親身體驗過，這樣我才能和協辦們說明，遇到什麼狀況可以怎麼處理。以後遇到像老婦人這樣的情形，我知道了，上網去查法扶基金會的電話和地址，列好要準備的東西，還有，幫她通報獨居老人。如果她需要食物等立即性的服務，再請她過來家庭服務中心求助。（只是後來又陸續引導了幾位需要食物的老人去家服中心，聯繫的過程中感覺他們手上的物資也是非常有限，很婉轉地告知「現在提供安家食物銀行，以三個月內有緊急需求的民眾為主……」）

之前我因為不懂這些流程，大概會請協辦引導她去民政課免費法律諮詢那裡吧！

「法律諮詢喔？那是給有錢請律師的人去的地方。通常弱勢的個案，會是法扶基金會的服務對象喔。」社工解釋。

社工在服務老婦人的時候，一位拄著三腳拐的老先生也走進來，有另外一位男社工迅速地開啟服務模式。我想起昨天問前同事志工梅大姊的時候，她說：「社工那裡真的每天都很忙碌。」

我很欣賞幫老婦人服務的社工專業又親切的態度，她問了很多精準的問題，並迅速提供資源或轉介的聯絡資料，掌握問答的節奏，整個過程讓人覺得開始有希望。

和媽媽相似的名字牽起的緣分

我不知道老婦人是不是這麼想，但幫她提著袋子過馬路，感覺她沒有之前那麼消極了，她先前說鄰居都很自私冷漠，即使很有錢，有很多房子，也不願意提供協助，社會都沒有人關心她。我內心悄悄升起了一個不同的看法：她似乎之前並沒有明確地對外求助，這個社會大家被教導成，不要隨便管人家的閒事。所以，除非是過度熱心的人，很難給予像她這樣——曾經家暴受害，老了孤苦無依，卻不能申請補助的人——足夠的關愛。

《好好拜託》（*Reinforcements: How to Get People to Help You*）一書中，提到如果需要人家幫助，明確地開口求助是非常有必要的，甚至，還需要學習其中的技巧，讓對方是自願幫你，而不是被迫幫忙。一般我們會認為有求於人，取決於對方的態度，但是這本書告訴我們，要贏得「最高級的幫助」，主導權在自己的手上。這本書教大家洞察求助的時機，觸發他人的內在動機，讓人願意轉念幫忙。我自己讀了是有很多的啟發。

當然，我無法在這麼短的接觸內，傳遞這本書的概念給她，或突兀地叫她去讀《好好拜託》，只能幫她拎袋子，陪她過馬路。

「我本來想說死了算了，活著也沒有什麼意義，我以前本來是很樂觀的人，過到後來怎麼變成這樣……」過了馬路，老婦人喃喃地說：「妳在公所上班喔？」

「對啊，妳有什麼問題也可以打給我。」我說。

「我就是打電話打了三天都打不通，才想說搭公車過來看看。」

「欸？公所電話這麼難打喔？」

「對啊，真的很難打。妳人蠻好的，謝謝妳喔。」老婦人誇起我來。

「不客氣啦。」到了公所門前，是我們要道別的時刻了，我忍不住跟她說：「妳知道嗎？妳跟我媽媽的名字很像，我媽媽叫〇〇〇。」

「啊？我原本也是要叫這個名字的！」老婦人大驚：「後來好像報戶口搞錯了，就變成現在這個名字。」

莫名的緣分，促使我對這位名字和我媽很像的阿姨很是關心，這裡就姑且稱她為「雲秋阿姨」吧。但我當然也不是只關心雲秋阿姨，對於和她擁有類似處境的老人，我也是同樣的關心。只是，她的名字總讓我想到去世的媽媽，所以有一股神祕的牽引能量。

幫忙闖關中復

陪她去家服中心詢問之後，我還是一直在想，到底有什麼方法能幫到雲秋阿姨？我在審查的實務上看過，有老人年輕時沒有扶養小孩，輸了扶養給付的訴訟，卻因此排除了子女的扶養義務，申請到中低收老人的資格。那雲秋阿姨有扶養小孩長大的事實，因為細故與小孩多年未聯繫，老了想要申請中低收老人生活津貼，卻因為財稅查調時小孩的收入或財產超過標準，因而不能符合資格，對比之下，人生豈不是太不公平？

為了這股不公平，我開始探索前人腳步未到之處。前人腳步之所以未到，不是我比較厲害或勇敢，而是因為T市的中低收老人生活津貼從二〇二一年開始正式修法，可以走《社會救助法》第五條第三項第九款（俗稱「五三九」或「五三九條款」）：申請人因案情特殊，具扶養義務者無法履行扶養義務，由社會局派社工進行家訪，依實際情況認定是否能排除列計人口。

我之前只有看過扶養給付判決下來，排除適用的案例，新修正的法規卻闢出一條新的路——由社工實地訪查排除或減免扶養義務。這一次，為了公平正義和這位雲秋阿姨，我決定闖闖看。在稍微研究相關法規，研擬這條路或許可行之後，請雲秋阿姨來公所填申復書，幫她發文去市府，請社工協助。

「填這個申復書，是要怎麼處理呢？」雲秋阿姨來櫃檯時，不安地問我。

「阿姨，這個申復書，我會幫妳發文去市政府，其實我沒有什麼把握，因為剛修法，我查法規是可以直接依據《社會救助法》第五條第三項第九款，主張妳的小孩因特殊原因，沒有盡到扶養義務，導致妳生活陷困。這樣好像可以跳過妳去法院告小孩的這個流程，因為妳之前說妳不忍心嘛。可是因為我也沒有試過，不知道社會局會怎麼回文，我們試試看好嗎？」

「好吧。」

文發了兩個月，市府終於回文了，公文附件是一份詳細的社工訪視記錄，包含雲秋阿姨的生活境況，以及她的子女確實無扶養事實，也聯繫不上的描述。記錄的最後，建議排除雲秋阿姨的兩名子女。我一拿到公文，興奮得簡直要跳起來，成功了！雲秋阿姨因為案情特殊，可以排除兒子和女兒的人口列計，終於可以領中老津貼了！（小小聲明一下，在業務上，我絕對不會做不應給而給的動作；只是想要在體制的邊緣，找尋更多的接點，讓原本的灰色地帶亮起來。）

再一看社工的記錄，鼻子又酸了起來，上面寫著，雲秋阿姨因為長年受愛賭博的前夫家暴，不忍而離婚，後來前夫過世，女兒請她去協助處理前夫的喪葬事宜，但雲秋阿姨從前說過「再也不會過問前夫的事」而拒絕，女兒從此再也不理她。

難怪上次她一直說，覺得人生好無望，好想死了算了，我深深覺得，和家人的相處是人生的必修課，就算一時之間逃掉了，也會是一輩子的課題。

她帶著我寫給她的信出現在櫃檯

有一天，我經過櫃台，大協辦阿光說：「妳猜誰來找妳？」我抬眼一看，櫃檯坐著之前找了很多次都沒找到人的雲秋阿姨，櫃檯桌上放著我寫給她的信，高興得跑過去跟她打招呼。

「好久沒見到妳了，妳都跑去哪裡了？」

「最近天氣熱，家裡待不住，我都跑去附近的7-11，買個小東西待著吹冷氣。不然熱啊，真的受不了。」

「妳收到我寫給妳的信了！」我說。

「昨天收到的。想打電話問妳今天在不在，也打不進來，你們公所電話真的難打。」

「是喔？有這麼難打？」

小協辦波咖直接拿起電話測試，還真的不好打，一直嘟嘟嘟。

「妳還附了一張郵票。」雲秋阿姨把信上的八元郵票小心翼翼地撕下來，遞給我：「我不會寫信啦，年紀大了，八十歲的人了，這張郵票還妳，妳可以寄給其他人。」

「好啦，哈哈。」我收下郵票。

雲秋阿姨開始跟我們閒話家常，說她膝蓋去針灸，去了幾次，蠻花錢的，最近比較少去了。又說吃了哪些藥，洗衣服、樓上在裝修、跟其他獨居老人聊天等等的事。

感覺比一開始接觸她的時候開朗一些，一開始總是愁苦憂鬱，現在經由「五三九」排掉十幾年沒有聯繫的子女，每個月可以固定領中低收老人生活津貼七千七百五十九元，雖然物價一直漲，勉勉強強省吃儉用，還是有點經濟支援，足以活下去。

房屋是自己名下的，那棟房子有一部分的產權歸小叔，小叔在外欠債，房子被法拍了兩次，沒有賣掉。

「反正我就住著，就住到我死為止吧，年紀這麼大，也沒有幾年好活了。」

問到她姊姊的兒子（外甥）之前幫她出心臟支架的費用，有繼續跟她聯繫嗎？她說，如果到時候死了，外甥願意幫忙就幫，如果不願意出面，她說了一句臺語：「就像那些老人常說的，『死給公所收。』」

原來在老人的圈子裡有這樣的說法啊！第一次聽到。

「妳等一下。」我突然想到上次低收櫃檯說，如果是中低收老人「五三九」排除扶養義務的案子，確實是獨居需要幫忙的話，可以逕轉低收。我去問了低收櫃台，確認她的資格應該符合，請她填寫放棄中老改領低收的單子，這樣一來，她除了原本在領的每月中低收老人生活津貼七千七百五十九元，還可以額外領到內政部加發的每月七百五十元（二〇二三年），還有低收三節禮金，春節兩千五百元，其他節日兩千元。另外有掛號費減免、第四台減免，甚至最後如果往生了，有低收身分的話，塔位也有減免或優惠。

獲得或轉換福利身分的過程非常「人治」

明明就都是社會福利身分，在切換時我感覺一切都非常人治，這些櫃檯受理申請的人員，會依照自己主觀的意見，先行判斷你適不適合申請這項福利，而不是只要符合條件都可以申請。如果是這樣，我覺得以後還不如交給AI處理，省去這龐大的人力，也許更符合未來的社福需求。

只是，這樣社會課櫃檯的人就失業了啊，也許包括我自己……這是題外話。但如果受理社會安全網最後一道防線的人，都存在「比較」和「個人好惡」的偏見，要申請社福資源，還要先看人臉色，低聲下氣，我認為這不是理想的社政型態。如果不能給人多一點溫暖，即使最後不符合需求，也要盡力給予協助，那用機器人就好，幹嘛要請個人坐在櫃檯呢？

再者，所謂「低收」或「中低收」是計算全戶人口所得後，去和「每人每月生活最低標準」去做比較，本來就是一個數字上的比較值，要衡量這一戶人家是否有老人、幼兒或身障無工作能力者要扶養，而不是純粹看收入高低，但在第一線收案或審查的人，常會不自覺地拿最極端的案例去比較眼前的案例，冠以「人家怎樣怎樣都活下來了，你們家的收入和財產已經算很高了，不要不知足」的想法……

也許很異類，但我和我的協辦就是秉持著盡量給人以溫暖的方式在工作。這樣長久實施下來，感覺我們的陰德值累積超快，在個人生活、職涯的層面，也都有激勵人心的發展。整個環境都更友善了。

回到雲秋阿姨的身上，她是我第一件「五三九」的案子，因為二〇二一年中低收老人生活津貼剛好修法，在這項業務上，還沒有人試過用「五三九」排除子女的扶養義務。感謝我當時的阿堂課長信任我，幫我蓋章決行，讓這個公文闖進了社會局。在社工的協力下，順利排除了久未聯繫的子女，開始領每月七千七百五十九元的中低收老人生活津貼，在省吃儉用之下，也算勉強過得去。

她同時是我第一個陪過馬路的老太太，陪她去了對面的家庭服務中心——這也是我第一次造訪。許多的第一次，緣於她跟我媽媽的名字的巧合，給了我各種突破困難的勇氣。

但我也不是只因為她的名字和我媽很像，所以只照顧她。我對所有來到櫃檯的長者，一律秉持著能幫就幫的心念，可能我覺得自己是個很幸福的人，擁有美好的人生，一份喜歡的工作，愛我的家人。被如此愛著的我，因此有了愛人的能力。我能夠到社會課，能夠在自己的業務範圍幫助到人，本身就是一種福分。我相信，一個只知消耗，不懂正確使用福分的人，最後是會失去福分的。

雲秋阿姨好不容易從家暴陰影走出，遇到珍惜自己的第二任丈夫，卻在丈夫去世，自己年邁後，因為子女的關係，連中低收老人都申請不到。經過我和課長、社會局、社工的共同努力，幫她爭取到了社會福利補助，讓她的身心狀況都有比較好的改善。讓我每天醒來，都覺得自己可以幫助更多的人，有動力去工作，這是三年前還在人文課的我，從來沒有思考過的事。

名下財產三億卻沒錢吃飯的A君

在社會課待了一年多，終於見到那位人人聞之色變的「奧客」，聽說連最資深的承辦都跟他大聲吵過架，「盧小小」等級點到滿，以下就用A君來稱呼他吧。

協辦波咖跟我說A君最近又開始來「盧」，嚷嚷著他沒錢要來申請中低收老人。但是依據他去年初（那時我還沒來社會課）的申請資料，名下不動產包含土地、田賦，價值超過三億新臺幣，不僅是不動產超標非常多（底線是全戶不動產總價值不能超過六百五十萬），家庭總收入和動產的部分，也通通超標。

看慣了名下財產空空如也的申請案，會覺得這個案子像是「來亂的」。

問波咖他到底為什麼要來申請？他有什麼主張或說法？

「A君說他那些土地是公同共有，完全不能動；然後收入和動產雖然超標，卻和小孩多年沒有聯繫，小孩並沒有扶養他。」

「是喔，公同共有土地？那要有證據啊，他拿得出來嗎？」

「誰知道啊，他每次來就一直『盧』，也沒看過他拿出什麼證據……」

關於公同共有土地，我二〇二一年底福利總清查時有處理過一件，對方拿一類土地登記謄本，主張持分比例換算下來全戶未超過六百五十萬標準，書面證據一目瞭然，後來清查案有過。

「A君有沒有提供一類登記謄本？」我問。

「他說有二十幾筆土地，好像申請不太到可以佐證的土地登記謄本資料，不知道他是不會申請還是有什麼其他問題？真的很『盧』耶，受不了！」波咖委屈地談到櫃檯遇到的困境。

公同共有土地，指引去地政單位調日治時期登記謄本

那天終於見到A君本人，可能因為我事前有打一張指引給波咖（上面寫著：第一步請A君去申請二十二筆土地的一類登記謄本，以解決不動產超標的問題。第二步收入和動產部分要走「五三九條款」，排除沒有盡扶養義務的小孩，請社會局派社工人員協助），所以A君對我說話很客氣，完全感受不到之前同事跟我描述時的不講理。

A君去申請土地謄本的時候，似乎在對面也遇到了熱心的地政人員，對方和我通了幾次電話，最後我發了公文，請A君持公文去地政單位調包含日治時期的登記謄本，希望讓膠著的案情有一點鬆動的可能。

疫情期間，為了照顧確診的孩子，我居隔在家，擬好了公文的草稿請同事幫我發文，A君很快收到了公文，也順利去地政事務所調了厚厚一疊檔案。

回來上班後我翻看了檔案，但是實在是對不起來，厚厚的檔案資料裡缺少脈絡，讓我開始頭痛……所以我致電了熱心的地政人員。

「不然妳直接帶案子過來找我們，看缺什麼，我調給你看。」熱心地政人員說。

「嗯……好啊，你們是在我們公所對面的那一間地政事務所沒錯嗎？」

「對啊，我們就在你們對面。」

我拿著案子跑去對面地政事務所，很快被熱心的地政人員邀請進入他們的工作區域，他還要我拉把椅子坐他隔壁，因為：「我們可能會需要討論蠻久的。」

熱血地政開始依照我手上的資料，連結到各個不同的資料庫，我這才知道A君只申請了部分檔案的原因：「因為一類謄本很貴，可能要好幾千塊，而且妳看這麼多筆土地，其實調出來都長一樣。」我也回想到請A君去戶政調全戶戶籍謄本和父母的除戶謄本時，A君說他要去別區戶政調，不然要花錢。

我們櫃檯常會遇到無法去對面戶政事務所調戶籍謄本的老人，因為他們的戶籍被遷為遷出到戶政事務所，受到《戶籍法》的拘束，對面的戶政看到他們去辦資料就要先罰款，根據比較資深同事的說法：「見一次罰一次。」*連這點錢都要省，A君雖然名下有號稱三億元的土地，但實際上經濟應該很拮据吧。

熱血地政調出了關鍵的繼承系統表和申請公同共有時的檔案副本，還撈了很多法規和函示，讓我學到很多關於地政的知識，對於這個案子終於清楚了，雖然帳上不動產價值三億，但是持分下來A君只分到六百九十六分之一，換算下來不過才五十幾萬元，而且這些土地跟他說的一樣，根本無法處分。

* 《戶籍法》第七十九條：無正當理由，違反《戶籍法》第四十八條第一項規定，未於法定期間為戶籍登記之申請者，處新臺幣三百元以上九百元以下罰鍰；經催告而仍不為申請者，處新臺幣九百元罰鍰。

「物不平則鳴」

三億的天價財產瞬間變成不能動的五十萬……這也差距太大了！

這件案子如果沒有對面地政的熱血承辦，加上好奇心很重的我，應該還是在死胡同裡打轉吧，熱心地政問我之前有經手過這種案子嗎，是怎麼處理的？我說：「我沒接過這麼複雜的，之前，聽同事們說，如果是遇到這種狀況就是直接審不符，然後準備吵架吧。」

熱血地政意味深長地看了我一眼，說：「哎，莫忘世上苦人多啊。」

回到公所，我跟小協辦波咖解釋了情況，波咖原本對A君很反感，這幾次接觸後慢慢改變了想法，說過「現在我也希望他的案子可以過，不然真的蠻可憐的」，聽到他的不動產最後換算出的金額，驚訝得說不出話來。

回想之前曾有位VIP陸籍配偶阿姨，資深同事看到她天天來找我們「盧」，教我一些假裝接電話、去二樓躲避的方法，可是躲了幾次，我發現她還是會一直過來找我。我總覺得，她會這麼堅持這一件事，其中應該有隱情。在誠心聽她訴說事件原由，發現她說的是真的——在看似方便作業的社會救助福利系統上，存在著審查的誤區，這是新手承辦很容易就踩到的地雷，稍有不察，就會錯殺無辜。我在理解她的說法，發現竟然是我們用系統計算錯誤之後，想方設法幫她找到解套的方式，順利申請了補助，從此這位「VIP阿姨」再也沒有來吵過我們。我想到「物不平則鳴」這句話，要花費這麼多力氣和公務員吵架，真的是個性使然嗎？還是裡面真的夾雜冤情在？如果公務人員都願意張開耳朵，傾聽他們的說法，就會發現，很多事，跟原本想的都不一樣。

我，又上了一課。

「叫他去睡X陽公園」：無家者想有個家有多難……

「夏芊，他要來辦中老，可是他戶籍在戶政，我說那要拿租屋契約書才能申請，他說他沒有固定住的地方耶。」

協辦拿著一次告知單來找我，告訴我櫃檯來申請中低收老人的民眾，沒有固定居住的地方，想知道能怎麼協助他。

之前也有碰過類似的案子，記得上次那一位是住在首都車站的無家者，我印象很深刻，因為他穿戴得非常整齊。他坦白說他不住T市，因為只有首都車站有工作機會，那時我只能很遺憾地回覆他，他不符合申請資格，如果決定要住在T市，拿到租屋契約書再來辦吧。（T市中低收老人的規定，要設籍，並且實際居住在T市，戶籍在戶政事務所的，一定要提供租屋契約書或借住同意書，因為沒有人會「住」在戶政事務所。）

這一次，突然想要一探究竟，除了回覆他「你不符合資格」之外，到底有沒有什麼方法幫他？

在家服中心「找不到門」的無家者

第一個想到「遊民外展中心」，可是我覺得地點可能有距離，對面的家服中心似乎可以連結社會局的資源，還是先請他過去吧。

但他去了對面之後，又折返回來，說：「那邊的門是鎖著的。」我想起來，上次帶雲秋阿姨過去的時候，也找不太到家服中心的門或是門鈴，只好大膽地敲木門，結果被志工聽到開啟。（「找不到門」好像也帶著某種隱喻……）

打電話到家服中心，剛好是上次我帶雲秋阿姨去對面時接待的社工，聽完我的描述之後，有點為難地說：「如果確定他是屬於遊民身分，T市的定義是露宿滿十四天……其實不太是我們家庭服務中心服務的對象，但是遊民外展中心好像無法直接引介他過去，他們主要是去確認遊民是否有固定地點露宿的事實，可以提供住宿或是什麼資源。話說回來，你們也可以請他過來，我們還是會提供他一些食物。」

說到食物，其實公所也有所謂「熟食券」可以提供緊急需要食物果腹的民眾，以他所說，身上只剩下幾百塊錢的情況可能有需要，我當下請求同事發熟食券給他。

在他領熟食券的同時，我用社群媒體聯繫了前陣子剛認識的社會局阿神，阿神雖然在體制內，但是以超級熱血聞名，聽說之前是專門跟遊民打交道的社工。

我丟出了問題，得到很即時的答覆：「找遊民中心。你們先幫忙打電話，跟他們說有疑似遊民來申請津貼，但是不符合資格，需要他們的協助。遊民外展中心應該可以協助存錢、租屋、辦補助。」

「這不是我們認識的遊民。還有他有露宿十四天嗎？」

我於是打了電話給遊民外展中心，但是這通電話卻讓我感覺很心累，聽了我描述的問題，對方說了很多很多，歸納出來大概是說：

一、我給了個案的名字，對方說那不是他們認識的遊民。

二、無法確定他是否有在T市露宿超過十四天。

三、T市沒有設置遊民收容所，所以他們也無能為力。

掛完電話我嘆氣了，想著連我一個公所社會課的承辦，都只能得到這樣的答案，那無家者們在尋求資源的過程中，又會遇到多麼讓人無力的對待？遊民就像在社會的死角一樣，不被看見，不被認可，被推來推去。都已經是死角了，還能再接著被推去哪裡，是要逼人進監獄還是去死嗎？

過了不久，社會局社救科的小主管打給我，這位小主管是我之前上「內部講師培訓課程」的同組同學。大概他從阿神和遊民外展中心得到了我去詢問的資訊，覺得有必要打來澄清。

小主管跟我解釋在自治法規裡遊民的認定，還有這項業務是屬於每個縣市不同的規定，用「露宿十四天與否」去做分野，是為了區分家服中心和社救科遊民業務。他提到要「確認個案的需求」，如果個案很明確表示要在T市租屋，且有工作的意願，外展中心其實很願意協助。（我提到早上這位先生已經六十七歲了，要找工作其實很不容易，如果今天個案是八十歲呢？他說如果是失能老人，那就是老人保護的範疇，不分身分別社會局都有協助安置的義務。）

T市沒有遊民收容所，因為市府沒有能力無條件收容遊民，但是短期安置的服務是有的。小主管的用詞其實是更中性的「無家者」，但是因為「遊民」是法規上及單位銜稱上的用語，所以我們還是會提到「遊民」兩個字。

感謝小主管跟我說了這麼多，脈絡很清晰，邏輯也很合理，他也提到如果再遇到這種情形，公所可以怎麼做：

一、確認對方的需求，是要租屋？還是要救助？有租屋的需求可以找外展中心協助；急難救助的話，公所就可以處理，不過急難是要有急難事由的，長期性的問題，像是慢性病、長期失業，則不屬於急難事由。還是要回歸到低收、中低收、身障或中低老。

二、常常無家者要的不是收容，可以說露宿的狀態是一種選擇，所以確認需求真的很重要，必須要對方有意願，政府的介入才可能有意義。

三、也可以找家庭服務中心，因為家服中心是直屬社會局的外部單位，即使不是家服中心的個案，也可以由家服中心連結資源。

其實繞來繞去還是轉介給這兩個單位，不過至少在一通通電話的詢問中，我比較了解無家者面對的困境和脈絡了，但了解了困境之後，接下來要怎麼做呢？

我真的沒有答案。

體制內幫助不符福利資格無家者的方式竟然是……

雖然沒有答案，但我不會就此放棄尋找。

那天打了一堆電話沒能幫上忙，心裡感到有些自責。之後的某天，又遇到從首都過來，戶籍掛在戶政事務所，申請不了中低收老人生活津貼的另外一位遊民，我決定試試看別的路徑。

我找了直屬主管，再幾個月就要退休的阿堂課長。

「課長，櫃檯那邊有個先生，說他從首都的寺廟過來，他戶籍在戶政事務所，不符合中低收老人的申請要件，有什麼可以幫他的呢？」

阿堂課長抬起眼來，表示很驚訝：「嗯……他沒有住在這裡嗎？也沒有朋友可以借住？」

「我再確認一下，等等喔。」

我跑回櫃檯，問那位先生：「你這裡有朋友可以借住嗎？」

遊民先生怔了一下，搖搖頭。

「他說沒有朋友可以借住耶。」我又跑回去找阿堂課長：「我上次有問過遊民外展中心，他們說沒有露宿十四天，不是他們認識的遊民，沒辦法服務；家庭服務中心社工也說，遊民不是他們服務的範圍。戶籍在戶政，又沒有地方住，根本是超級邊緣人，什麼補助都請領不到……」

阿堂課長有點無奈地看著我：「都不符合喔？那妳覺得要怎麼辦？」

「我想問，這樣急難紓困有辦法申請嗎？」

「嗯……我記得這樣條件也是不符。」課長說。

「是喔，怎麼會這樣？我們是社會課，不是應該要幫助弱勢民眾嗎？」

阿堂課長大概被我問到有點不好意思，決定自己出馬去問個究竟，課長臺語比我好，跟遊民先生快速地聊了一下，確認他的確什麼資格都不符，沒辦法申請任何社會救助，之後他做了一件令同事都跌破眼鏡的事——課長從自己的皮夾裡掏出了一千塊，塞給他，說：「你用這些錢坐車回首都吧，祝你好運。」

阿堂課長再過幾個月就退休了，但這件事情我一直記在心裡，我相信也會幫他的退休人生帶來好運的。

只是，不是每個來申請的人都能有這麼好的運氣，這也不是長久的解決之道。長久之道，說穿了乏味又無聊，但也必要的，是要修改《社會救助法》，把「戶籍」從必要條件裡脫鉤，才能幫助到這些真正無助的社會邊緣人。

向協辦阿光學習

雖然我嘗試了兩次，都沒有真的幫助到這些戶籍在戶政的無家者，協辦阿光倒是憑著他的一股熱情，運用體制外的方式，幫助了一位無家者，找到了固定的住所，也幫他申請到中低收老人的資格。

那天問社會局阿神，遇到無家者戶籍在戶政要怎麼幫？阿神說了一個很實際但我很難對無家者說出口的答案：「叫他去睡X陽公園啦！」阿神的言下之意，是無家者必須去到一些外展中心固定會去巡查的公園，才有比較高的機會被列冊，成為外展中心「認識的遊民」，並獲得些許幫助。

協辦阿光每天都很早就進辦公室，他從擦拭櫃檯（這其實不是他的工作，公所另有標案請清潔公司派人打掃，但阿光有良好的衛生習慣，也夠熱心幫忙擦拭別的櫃檯）開始，擦完就去公所外面繞一圈，跟附近廣場的老人哈拉兩句，是個閒不下來的協辦。

無家者阿舟自從那天來到我們櫃檯，申請中低收老人未果（因為戶籍在戶政，提不出居住證明）後，就一直住在公所旁邊的涼亭。他似乎每天早上就是呆坐在涼亭，看著人來人往，有一陣子他會跟其他無家者一起去撿拾回收，但阿光不喜歡他們撿回收，常會去勸導，很關心阿舟的情況。

「你看那個阿舟，好像也不是自己喜歡住在公園，他是沒有辦法。他每天就待在涼亭，乖乖的，不是什麼壞人。他身體這麼瘦弱，接下來寒流會來，真的沒有什麼收容所可以去嗎？我擔心他會死在外面。」阿光問我。

「哎，我上次問了外展中心，他們說T市沒有遊民收容中心啊！不過寒流來好像會啟動低溫關懷機制，到時候天氣太冷還是有開放地方暫時收容他們的樣子。」

「我看他每天都住在公園，已經超過他們說的什麼十四天了吧？」

「對啊，上次社會局社工還說，叫他去睡X陽公園。這種話我們說得出口嗎？」

「X陽公園喔？他好像有去過，但又跑回來了，不知道為什麼。」

協辦阿光經由每天早上「巡邏」公所周邊，總是能發現一些我們坐在辦公室察覺不到的事件、人物或生態，我有時候會暗自慚愧，讀書讀得比較多又如何？我不如阿光這麼真誠、坦率地服務他人，我得多跟他學習才行。

露宿已久的無家者終於找到家了

「欸，那個之前都住在公園的阿舟，最近有地方住了。」某天阿光突然跟我說。

「咦？真的？住哪？」我很驚訝。

「就住在我們社區，離我家很近。」

「他怎麼找到房子的？房東願意租他？」

「阿災。好像是上次有另一個類遊民之前住的地方吧，那個人後來跑路了，阿舟就住進去。」

「那他可來申請中低收老人了？太好了。」

雖然阿光沒有直說，但我覺得遊民阿舟能夠租到房子，應該是阿光從中牽線的結果，後來阿光持續跟我說阿舟的一些近況，包含他前陣子小中風，以及阿光去領了一些物資給阿舟，還拿了家裡的杯碗餐具去給阿舟，每次有發物資的訊息，也都會聯繫他。

我相信很多無家者選擇流落街頭，是一種個人自由的展現，社會局願意考量這種可能性，是好事。但是，像阿舟這樣被迫流落街頭的老人，卻礙於戶籍法規而無法獲得協助，只能靠像協辦阿光這樣，使用非體制內的方法幫助他度過生命的難關，這是我們社會樂見的事嗎？

阿舟算是運氣好，在公園居無定所時，熬過了寒流，如果他不幸曝屍公園呢？我們這些接觸過他的人，包含我詢問的遊民外展中心、家服中心、我們公所的櫃檯、承辦、主管，豈不是成為幫助體制殺人的兇手？

「以前當小主管，也幫助過人，怎麼會變這樣？」

第一次看到阿水阿嬤，她看起來很正常，來到我們櫃檯問國民年金的業務，因為國民年金是另外一個櫃檯負責的，我們口頭確認她是要詢問國民年金的問題後，便把她引導到專門負責國民年金的櫃檯。

過了不久，阿水阿嬤又回到我們的櫃檯，氣呼呼地坐下。

「阿嬤，妳不是說要辦國民年金嗎？」

「那邊又叫我過來呀！」阿水阿嬤不太開心地說。

秉持著對老人業務的熱忱，我和兩位協辦通常都對來到櫃檯詢問的老人家非常友善，既然阿嬤說國民年金櫃檯請她過來，我們覺得有必要搞清楚阿嬤到底想來辦什麼業務。

說不清楚要辦什麼業務的阿嬤

「阿嬤，妳有帶身分證？我幫妳看看。」

阿水阿嬤拿出了身分證，還有一張手寫的字條，上面寫著要到公所問國民年金，攜帶身分證、印章、戶籍謄本，還有租屋補助等字眼。

「阿嬤，這是誰叫妳來辦的？」

「我鄰居叫我過來辦。」

「好喔，等等，我幫您查一下。」

我們把阿嬤的身分證字號輸入系統，在衛生福利部全國社政福利系統中，查到阿嬤沒有中低收老人的身分；在三節禮金系統中，她則是有正常在領每一節兩千五百元的禮金。

「阿嬤，妳有在領三節禮金喔，每一節都有正常匯入。」

「有喔？」阿嬤不太確定地問。

「有啦，阿嬤，妳有帶郵局存摺嗎？借一下。妳看這裡，上面寫春節代金，兩千五百元，有看到嗎？端午禮金最近會撥入，您再等等看喔。」

「有啦，我知道這個有在領。我不是問這個，我本來要問國民年金，那邊又叫我過來問。」

「好喔，阿嬤妳等等。」

為了釐清阿嬤到底要來辦什麼，我們跟國民年金的櫃檯確認了訊息：「阿嬤說要來辦國民年金，你們請她過來老人櫃檯是要她辦什麼？」

「阿嬤她有在領國民年金了，應該是有人要她來辦中老吧！」國民年金櫃檯的同事回答。

好的，所以是我們櫃檯的「客戶」無誤。

「阿嬤，妳應該是要來辦這個啦！」我們指著中低收老人生活津貼申請的表件給她看。

「喔……」阿嬤的眼神看起來更不確定了，這也很正常，畢竟「中低收老人生活津貼」這幾個字看起來頗刺眼，等於人生的下半場，承認自己屬於經濟弱勢者，要接受國家的補助才能勉強生活。很多老人家來櫃檯詢問的時候，都刻意避開提到「中低收老人」或「低收」這些敏感字眼。也因此，在我剛到社會課報到的時候，我覺得「中低收老人」業務好像是「隱藏版業務」，屬於非要聽到百分之百吻合的關鍵字，不輕易釋放讓人申請的項目。

「對啦，我鄰居說，看我現在很可憐，要我來這裡問問看。」阿水阿嬤慢吞吞地說。

「阿嬤，妳生活有什麼困難嗎？」

「我喔，我以前在機場工作，是個小主管，薪水還不錯，每個月有三、四萬塊喔！」

戲劇化的人生轉折

阿嬤突然話鋒一轉，談到了她過去的工作。談到這個話題的時候，我看見她眼中閃爍著一股堅韌，似乎回到了過去當小主管時的意氣風發，相信當年她是個認真負責的主管，受到上司的器重：「我們是做工程的，我以前都要走很遠，去看工地。那時候因為薪水不錯，看到有人需要幫忙我都會幫忙，會捐錢給沒錢上學的孩子，我會想，自己有能力，能幫助別人我一定幫……」

「那很好啊，阿嬤，謝謝妳幫助別人。」

「我有兩個兒子，一個去美國，他是醫生喔，那時候賺很多錢；可是有一次，他回來臺灣，出車禍死掉了……」

「天啊！」我忍不住驚呼，從以前當小主管幫助人，轉到在美國當醫生的兒子，出車禍死亡，這衝擊也太大了，連聽話當下的我都如此驚愕，更別說阿嬤她自己經歷了這一切，會有多麼震撼和難受了。

「那時候他也沒有馬上死掉，我花了很多錢，要救他，也沒有救回來。他有兩個小孩，一男一女，都還小，他老婆後來跑掉了，也不管，我就想，這兩個孩子我要照顧，好不容易也養大了。」

「阿嬤，所以妳現在跟誰住啊？跟孫子嗎？」

阿嬤點頭：「我那小兒子，也有兩個小孩，也是一男一女。他比較忙，在外地工作，因為我照顧大兒子的兩個小孩，他們不高興，所以就不理我了，他們真可惡……」

「妳是說，妳小兒子一家都沒有在聯絡嗎？」聽起來阿嬤的遭遇真的很令人同情，「一家都沒在聯絡」尤其觸動了我的「五三九」雷達──是不是可以請社會局派社工介入，排除沒有盡扶養義務的小兒子呢？雲秋阿姨之後，我遇到這類的案子都是送「五三九」處理，雖然實務上擔心社工的負擔會加重，但是權衡之後，總不能為了幫社工減少工作，就不協助民眾吧？社工負擔重是事實，解決之道是增加社工人力，而不是技術性減少案量。

「有啦。我那小兒子，工作很忙，但他會回來看我。還說最近要買一支新的手機給我。」阿水阿嬤突然開始否認她才剛說出的話。

「阿嬤，等一下……妳剛剛才說妳小兒子一家都不理妳？」

「不是，小兒子也是有出一場車禍，撞死人，沒辦法，我只好把國宅的房子賣掉，讓他賠償別人，我那媳婦生病，癌症，我也是花錢救呢！」

「阿嬤，妳再說一次，妳小兒子到底有沒有回來看妳？」

「有。」這次阿嬤說得很肯定。

「所以是有？」

「他在外地工作，很久沒有回來了。他都怪我，因為我照顧大兒子的兩個孩子，我不能不管他們，他們很可憐。」

我和協辦面面相覷，阿嬤有時候說話看起來很有理智，邏輯也很清晰，可是為什麼感覺她說的話前後矛盾呢？問到她有沒有聯絡方式，她說手機丟了，問她記不記得租屋處的地址？她眼神變得迷茫，而且我們發現，跟她解釋很多次要拿一次告知單，去對面戶政事務所申請戶籍資料，包括去世父母和死去的大兒子的除戶謄本，她卻很多次走出去，又折返回來，吞吞吐吐地問我們到底要去戶政拿什麼資料？

雖然沒有相關的病理學經驗，我和協辦隱隱覺得阿水阿嬤應該是失智症患者。在阿嬤從我們這裡拿了中低收老人生活津貼申辦的一次告知單，卻又在幾天後茫然地到櫃檯，詢問我們已經回答過無數次的問題，不斷地跳針。我們開始陷入苦思：「怎麼辦？她的戶籍在戶政事務所，一去就要被罰九百元，聽說是見一次罰一次。又不能叫她去其他區的戶政，她連她家地址都不記得，要是迷路怎麼辦？偏偏又沒有手機，這個忙到底要怎麼幫？」

基層公務員拼命想幫忙的行政突破

太想要幫忙的我們，做出了一些違反一般行政作為的突破，例如，不叫阿嬤去對面戶政拿她永遠辦不出來的戶籍資料，而是由我發文給戶政直接要資料（結果有成功要到社政系統都調不出來的大兒子除戶謄本），免去了阿嬤東奔西跑以及被罰款的命運；她不記得租屋處地址，無計可施之餘，我請協辦阿光跟在她機車後面回她家，去拍下她家的地址。阿光發現她住在一個一樓都是回收物的老舊公寓，拄著拐杖的她，每天要氣喘吁吁爬三樓回到租屋處。

對於她沒有手機或家用電話可以聯繫這件事，是我們最大的障礙。我們幫她通報獨居老人，請關懷的社工設法聯繫她，看社福系統能夠提供什麼協助。在獨居老人關懷系統中，我備註了「阿嬤沒有手機，但是她說她上午都待在家，下午會去對面的市場打掃，請於上午去家訪」等字眼，希望能提供一些線索給社工。

另一方面，在我的權責範圍內，我們儘快幫她送件，申請中低收老人生活津貼，希望能在經濟上提供基本的保障。卻在財產調查時，發現她的孫女——小兒子的女兒，有在報所得稅的時候，申報扶養阿嬤。

「不是吧！」協辦和我在第一眼看到系統跳出的這筆資料時，嚷嚷著幫阿嬤抱屈：「小兒子這一家人也太過分了，都不扶養阿嬤，孫女還要利用阿嬤來節稅，太過分了啦！」

當我們用「五三九條款」，把阿水阿嬤的案子送去社會局，請社工協助排除孫女的扶養時，聽說市府的長官說了這樣的話：「報扶養就叫他去國稅局剔除扶養，幹嘛要走『五三九』？」但是，就是因為阿嬤說小兒子一家都沒有跟她聯繫（阿嬤的說法反反覆覆，但在我們接觸她的過程中，確實沒有發現小兒子或其他家人有協助阿嬤的事實），我們沒有孫女的聯繫方式，所以才會請社工介入。

我在去社會局開獨居老人聯繫會報時，遇到了阿水阿嬤這一案件主責關懷的社工。社工跟我說，依她和阿嬤接觸的經驗，阿嬤的記憶的確出現了一些問題，而且她似乎很悲觀。社工在訪視後有特意在阿嬤的租屋處停留了一下，聽到屋內阿嬤說：「沒效啦。」「死一死算了。」讓她也很擔心阿嬤的狀況。

在社工的努力下，傳說中報扶養的孫女終於出現在我們櫃檯了，她看起來很正常，是個普通的上班族。對於阿嬤的狀況，她無奈地說：「我自己也是在外面跟人家租房子，沒有辦法照顧她。我爸在外地工作，所以她只要走失，被警察局通報，都是我去警察局把她領回去的。我奶奶這陣子失智的狀況越來越嚴重了，我們真的也不知道該怎麼辦？」

我們告知她，目前在幫阿嬤申復中低收老人生活津貼，如果申復成功，她達到中低收老人一．五倍的資格，就有機會申請機構補助。若未來阿嬤的狀況太差，需要入住機構，這會是一種選擇。

孫女說，阿嬤的房東希望她月底就搬走，當務之急是要找地方讓阿嬤安置。而孫女剔除扶養後，阿嬤的申復案通過了。這一次，在外地工作的小兒子，來幫她申請機構補助，照之前孫女說的，在月底前幫阿嬤找地方安置。

於是，阿水阿嬤就被送到護理之家安置了。

嗯，「安置」……

「安置」這兩個字，字面上挺歲月靜好的，但細細去想，實際上代表什麼意思呢？阿嬤患的是失智症，我以為最後她會去類似失智症家屋之類的場所，跟其他有相同病症的人，一起好好被對待和治療。可是她是去護理之家耶，從我之前訪談的經驗，護理之家是什麼地方？

「插三管的才會去護理之家。」記得是社會局阿神曾經這麼說。

「什麼是插三管？」

「啊就，鼻胃管、抽痰管、導尿管，隨便啦，反正就三管。」

「這麼嚴重？」

被安置在護理之家，然後呢？

想到拄著拐杖，一步一步來公所找我們；講起年輕時當小主管眼神透露著堅韌光芒；誠懇地跟我和協辦道謝，說我們是好人，她就算死了也會保佑我們（我們並不想要她那樣）；想到她說她年輕有能力的時候，會捐錢給無法上學的孩童；有血有肉有淚有笑的阿水阿嬤，被「不知道要怎麼辦」的家人「安置」在護理之家，跟著一群插三管的老人、病人一起生活，我心裡就很難過。

「我們這麼努力幫她，最後是不是幫錯忙了？」我苦笑著問協辦阿光。阿光比我勇敢，顧慮沒那麼多，他直接拿起電話打去護理之家，問說什麼時候可以去探望阿水阿嬤。一開始護理之家的人說，開放探視的時間都可以過來，只要先預約就可以了。

「阿嬤是坐輪椅？還是走路？」

「好像都是坐輪椅喔。」

「什麼？她之前來公所都還是用走路的耶！為什麼變成坐輪椅了？」

「先生，不好意思，我們再確認一下她的狀況……」

下一通電話，護理之家的人拒絕了探視的要求：「對不起這位先生，阿嬤說她不認識你喔，你不能來探望她。」

我想起我在社會學讀到伊里亞思（Norbert Elias）的《臨終者的孤寂》（*The Loneliness of the Dying*）：「一個人活著時是什麼樣子，就會用什麼樣貌死去。」阿水阿嬤入住的護理之家，離我工作的地點和我的家都很近，而隔著一道高冷的牆，我是不是永遠都不會知道阿嬤接下來的生活會如何？

下次我在遇到像阿水阿嬤這樣的案例，我會努力地幫她取得福利身分嗎？就算最終她會被無情地送入機構，失去自由，在情感上孤獨地老去，最後死去？

我多希望一切只是我的妄念，也許阿嬤在護理之家，遇到很好的朋友，很照顧她的護理人員或看護，也許她年輕時種下的善念，最終會發芽。但我因為看不到，無法知道她的近況，所以只能深深地想念和祝福。

希望阿水阿嬤一切都好。

第三部

沒想到我要去清點
獨居老人孤獨死後的遺產

「新承辦妳好，麻煩妳去點交國宅內死亡的獨居老人的遺產。」

二〇二一年，曾自詡為防疫模範生的臺灣，終於趕上全球的新冠疫情「浪潮」，爆發本土群聚感染，猶記那時多麼的人心惶惶。每天下午兩點整，準時收看疫情指揮中心的記者會成為我們當時重要的日常。

記者會公布的每一道足跡，每一個確診案例都被高度關注。教育部實施停課不停學，業界也宣布了居家辦公的相關措施，許多像我們一樣的父母，失去了學校這個屏障，前所未有地體驗了和自己學齡中的孩子，二十四小時大眼瞪小眼的突發情況。

我家的狀況是這樣：另一半R居家辦公同時盯孩子上線上課程和作業，還負責煮飯做菜（真是難為他了）；我則是扮演繼續出門上班和採買生活用品及食材的角色。每次回家不忘全身消毒，深怕將病毒帶回家，傳染給心愛的家人。

疫情中那通令我驚呆的來電

疫情期間，即使是從小被訓練具備精實的工作能力，擁有強大執行力和溝通能力的R，也暗自擔心這波疫情會讓他失去工作。畢竟聽到公司生產線的工作因為防疫而停擺，居家辦公的日子也不知何時才有盡頭。那時他跟我說，還好我有一份穩定的公務員薪水，即使有一天他因為疫情而失去工作，我們家也不至於陷入三餐不繼的困境。

疫情帶來了鋪天蓋地的改變。即使是顢頇的公務機關，在疫情最嚴峻的時候，也不得不做出調整。有一陣子公所跟隨市府的腳步，頒布了「分流上班」的措施，我們社會課櫃檯被拆成兩批人馬，一批留守櫃檯輪班，我則是跟另一些同事被分到第二批，搬到三樓大禮堂，在原本擺滿了幾百張禮堂座椅的位置隔出臨時的辦公桌，安好電腦和分機，要是一樓櫃檯有人確診隔離，我們這些「救援人力」就必須下去遞補。

分流上班日的某一天，我在三樓對著國父遺像辦公，突然接到社會局老人福利科（以下簡稱老福科）承辦的電話，記得他是這麼說的：「請問妳是獨居老人業務的新承辦嗎？我要跟妳說，週末的時候，你們眷村國宅的里長通報，有個獨居老人死在家裡，後續可能有遺產點交的問題喔。」

我當時的心情只有「嚇傻了」三個字可以形容。等等！你說什麼？「有個獨居老人死在家裡，要我去點他的遺產？」獨居老人？死在家裡？如果他死了很多天才被發現，那現場不就很臭又都爬滿了蟲？我的專業明明是文化行政，哪條法規規定身為公務員的我要去死亡現場？

那時我才剛被調到社會課，帶著很深的自我懷疑。剛開始弄懂要如何把每人兩千元的端午禮金，發給兩萬多位老人。這程序頗為複雜，作業期程又很趕，處理上有很多細節和陷阱，一不小心公所電話就會被打爆。疫情期間我和一樓的協辦聯繫又不方便，自己摸黑找路，花了超多力氣才搞定。

疫情如此嚴峻，每天都有人確診被隔離，你老福科一通電話，要我去「點交獨居老人的遺產」，這哪招？他要是因為確診新冠而去世怎麼辦？

我之所以反應這麼大，有一個原因是：我雖然知道我的業務職掌裡，有一項真真切切地寫著「獨居老人遺產點交」，可是前手承辦在把業務移交給我的時候，安慰我說：「我接了一年的業務，半件也沒有遇過。我的前手接了七、八年，也只碰過三件，這好像沒什麼，別人會點好遺產把清冊移交給妳，妳再發文移給社會局就好了。」

「這好像沒什麼。」怎麼跟我接到的電話不一樣？

當時疫情剛爆發，我又莫名其妙被調去社會課，處於遇到什麼困難，都會立即反應的過度敏感期。立刻把我的疑慮回彈給社會局老福科的承辦，跟他索要相關的法規，畢竟我們公務員就是「依法行政」，你要我們做事可以，法規上白字黑字要寫得很清楚，才足以讓我們信服。

老福科承辦於是丟給我一張「社區內有名無主遺體遺產處理程序」流程圖（如下頁），表示就是依據這張流程圖，要我們去點交獨居老人的遺產。

我定睛一看，這張流程圖瞬間被我看出了奇怪的地方。

我要「依」的「法」竟是一份未公告的流程圖

要公所社會課承辦去點交獨居老人的遺產，可是上面白紙黑字寫著「員警、村里幹事現場共同清點財產，交給社會課暫管」，意思是我公所社會課只是「暫管」員警、村里幹事點好的財產清冊不是嗎？就跟前手承辦說的一樣啊，只叫我們保管遺產後移交給社會局，沒叫我們去現場清點遺產。

為了釐清內心的疑慮，我上網搜尋了「獨居老人遺產點交」，發現我所在的T市，

T市社區內有名無主獨居老人遺體、遺產處理程序

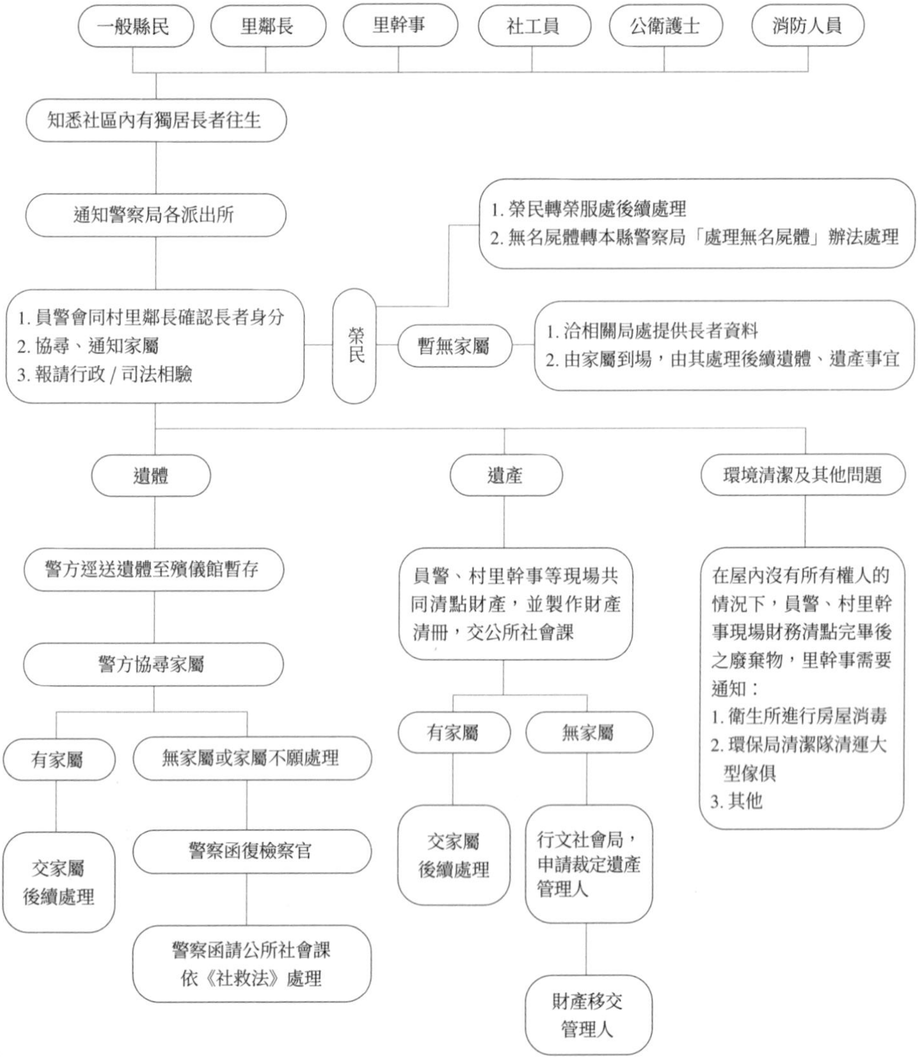
一般縣民
里鄰長
里幹事
社工員
公衛護士
消防人員
知悉社區內有獨居長者往生
通知警察局各派出所
1. 榮民轉榮服處後續處理
2. 無名屍體轉本縣警察局「處理無名屍體」辦法處理
1. 員警會同村里鄰長確認長者身分
2. 協尋、通知家屬
3. 報請行政 / 司法相驗
榮民
暫無家屬
1. 洽相關局處提供長者資料
2. 由家屬到場，由其處理後續遺體、遺產事宜
遺體
遺產
環境清潔及其他問題
警方迎送遺體至殯儀館暫存
員警、村里幹事等現場共同清點財產，並製作財產清冊，交公所社會課
在屋內沒有所有權人的情況下，員警、村里幹事現場財務清點完畢後之廢棄物，里幹事需要通知：
1. 衛生所進行房屋消毒
2. 環保局清潔隊清運大型傢俱
3. 其他
警方協尋家屬
有家屬
無家屬
有家屬
無家屬或家屬不願處理
交家屬後續處理
行文社會局，申請裁定遺產管理人
交家屬後續處理
警察函復檢察官
財產移交管理人
警察函請公所社會課依《社救法》處理

並沒有在市府的官網上放上這張流程圖。翻遍法規，能找到的也就是《社會救助法》第二十四條：「死亡而無遺屬與遺產者，應由當地鄉（鎮、市、區）公所辦理葬埋。」再加上《社會救助法施行細則》第十三條，規定除了路倒的死者，由發現地的區公所協助處理遺體，其餘各種有名無主死亡案例的權責單位，都是「戶籍所在地的區公所」。至於遺體和遺產如何處理，在法律的層面沒有詳細的規定，通常法律無規定，就是交由各地方政府訂定行政規則去辦理。喔，所以T市就用了這張未公告的流程圖，以內部規則的方式處理。

但是這中間有很怪異的地方。要知道，《社會救助法》是四十多年前（一九八〇年）訂定的法律，以當時的時空背景，家中有人去世，依據華人的習俗，是要守喪、做七、披麻戴孝，那時也遵循古法，認為人要在家中嚥下最後一口氣，才是福分。所以即使是送到醫院不治，也要罩著氧氣瓶，剩一口氣回家等死。

當時掌理墓葬事宜也是公所的業務，村里長甚至有一度是負責開立死亡證明的角色，公所也有俗稱「三萬元」的「喪葬補助」——亦即只要有民眾主張無力殮葬，公所會統一發放三萬元，或委由殯葬業者以三萬元的預算把一個人的喪事處理好。

但後來殯葬業務由公所移給了市府的民政機關，各縣市成立專門處理殯葬事務的殯葬處或殯葬所，公所就不再管理死亡業務，也不再發放所謂的「三萬元」了。各縣市政府近年來也都走更環保的聯合奠祭或聯合公祭，以更有效率和節約公帑的方式，統一處理無力殮葬者或有名無主死亡的遺體。

好的。所以現在法規沒有規定「社會課獨居老人的承辦」要去點交獨居老人的遺產，社會局老福科丟來的流程圖，也沒有這樣的規定，現在是要我依據什麼去點交遺產？

「妳可以去問ＯＯ區公所的承辦人Ｏ先生，他之前有點交獨居老人遺產的經驗。」老福科的承辦，沒有回答我主要的提問，而是給了這樣一個含糊其辭的答案。

掛了電話，我還是覺得很疑惑，這件事實在太詭異了，但新來乍到的我，沒有足夠的資源去了解情況，網路上也搜尋不到更進一步的答案。只好照老福科承辦所說的，打電話給ＯＯ區公所的Ｏ先生，問問看有沒有其他的線索。Ｏ先生也只是淡漠地回答了關於點交獨居老人遺產的經驗，沒有回答我的核心問題：到底是哪一條法規要社會課承辦去點交獨居老人的遺產？

獨居老人難以完成的遺願

忘記是老福科打給我的那天，還是隔幾天，自稱是國宅眷村內往生的那位獨居老人——高阿姨生前鄰居兼好友的女兒田嘉嘉小姐（化名）打電話給我，我猜是社會局老福科的承辦，叫她來問我的。

田嘉嘉撥這通電話的用意，是想確認高阿姨因為在臺灣沒有任何親屬，依據殯葬相關的法規，朋友無法認領遺體，也當然不能繼承遺產。那麼交由政府部門接收高阿姨的遺體和遺產，是否可以由高阿姨的遺產，去完成高阿姨口頭上說的遺願。

依據田嘉嘉的轉述，高阿姨生前，跟田阿姨等朋友不只一次說過，她過世之後，要把骨灰存放在T市和父母一起的靈骨塔。

雖然我驚魂未定，但對於民眾的要求，我還是很有熱忱想幫忙處理的。聽到她的提問，我試著把查到的資料分享給她，當我用「獨居老人遺產點交」、「獨居老人死亡無親友怎麼處理」作為關鍵字去搜尋的時候，找到了一些蠻有爭議的事件。

例如曾經有所謂「殯葬禿鷹」或「殯葬蟑螂」，鎖定獨居老人並等待他們死亡，人一死之後，便扣留遺體，看最後是誰來認領遺體，索要高昂的喪葬費或冰存費用，造成許多爭訟事件。可能為了杜絕類似的爭端，近年來的縣市政府社會局，幾乎都採用聯合奠（公）祭或環保自然葬的方式，把獨居老人的遺體直接交給國家處理，以避免被不肖殯葬業者勒索高額喪葬費。

「把獨居老人的遺體交給國家處理」，看似問題不大，可是對於什麼都要「依法行政」的公務員來說，一切都要回歸到法規層面。我不清楚當初是誰決定了不由殯葬業者，而是國家介入處理獨居老人的後事，但顯然做決定的人並沒有充分的決策權，也沒有認真去修改法律。只是含糊地套用了《社會救助法》第二十四條：「死亡而無遺屬與遺產者，應由當地鄉（鎮、市、區）公所辦理葬埋。」忽視了在時代變遷下，遺體處理已經不是公所的業務範圍，而是由各縣市政府民政局或民政處下的殯葬管理單位，去執行遺體處理的最後一哩路。

我當時告知田嘉嘉小姐，雖然我不了解實際上的處理程序，但是以我查到的資料，想要用高阿姨的遺產去幫她辦理後事，在現行的制度下是很難的。現行的制度遇到像高阿姨這樣在臺無親屬可認領遺體、遺產的獨居老人去世，已經統一走聯合奠祭的流程，由國家決定葬儀的規格、樣式；若朋友要協助處理，讓高阿姨依照她的遺願，火化後骨灰進入T市的靈骨塔，除非朋友願意幫忙出這筆錢，否則國家已經介入有名無主的處理程序了，無法直接使用高阿姨的遺產去處理。

其次，若高阿姨沒有留下遺囑，只是用口頭告知朋友的方式，那就更難站得住腳了。這樣等於沒有證據效力。田嘉嘉表示這樣身為朋友的她們真的很難接受，覺得公家機關這樣的做事方式，對民眾真的很沒有保障，我則是對此表示遺憾，我也不知道能做什麼改變現況。

沒有留下遺囑，的確就是口說無憑，種種的跡象都顯示，高阿姨的這個「心願」很難達成。

當了二十年的里長，從沒聽說里長要去獨居老人家中點交遺產

在這之間我問了當初通報的里長，想詢問案情的細節，眷村出身的里長，高聲質問為什麼公所不快一點動作？我解釋因為還在釐清誰要去點交遺產這件事，查詢法規似乎前端是里長（確認身分）和里幹事要跟警察去現場點交……里長大聲地回覆：「我當了二十幾年的里長，從來沒聽說過里長要去什麼獨居老人家中點交遺產的！」里幹事那邊的回答也一樣，並不認同獨居老人的遺產要由里幹事去點交。以當了十幾年公務員的經

驗，我能清楚感覺到這項業務正由流程圖上規定要執行的單位，踢皮球到我們單位來。

身為公務員，必須學習的首要技能，說好聽是「不要隨便亂接業務」，說難聽一點就是我們常聽到而且厭惡聽到的「踢皮球」。但請先聽我說，這是有原因的。

通常一項業務是全新的，或者極少遇到，還沒有被劃分進業務職掌表，貿然接下的話，會產生這樣的影響：首先是同事會恨你。公務人員的業務職掌常有機會變動，如果你接了一項新的業務，等於你們單位的業務類別又新增了一項，也許那個業務的量非常龐大，像是疫情期間的防疫補償業務，會害跟你同單位的同事瘋狂加班也辦不完業務。

再者，此業務的徒子徒孫會怪你。一旦接下了全新的業務，意味著這個業務將跟隨你這個職務一輩子，連你的業務徒子徒孫（也就是你離職或退休後接手你業務的公務員）都無法擺脫這項業務，不可不慎。

公務員界是這樣的，領一樣的薪水，業務增加也不會有業績獎金，頂多就是沒什麼實質意義的記功嘉獎，所以在這樣的制度底下，大家普遍會有的心態當然就是：多一事不如少一事。對於法規沒有規定要你去接的業務，相當於是不由分說亂踢過來的皮球，誰會傻傻地接下來呢？

但是遇到真的推不掉的業務怎麼辦呢？沒關係，我們還能用「正在研議辦理」這一招，既然你名不正言不順地要我扛下我認為不是我要接的業務，那我就想盡辦法讓「正在研議」的狀態成為常駐狀態。

在接到那通要我去獨居老人家中點交遺產，但是遍尋不到法規為什麼要我去的電話之後，我採用了上述的「正在研議」戰術，一直到社會局的長官打電話給我的直屬主管，要我們一定要盡快處理這件事，我才悶悶地發出了會勘通知單。

但我也不是什麼軟柿子，既然被強硬地要求接下法規沒有規定要我接的業務，那我就把相關的人全找來吧！所以那份會勘通知單，召集的對象包含：社會局老福科的承辦、跟我說從沒聽過要去點交獨居老人遺產的里長、遇到有人死亡一定會被召來的警察、甚至我也拉了叫我去點交遺產的直屬主管……我曾試圖找里幹事一起來，但他的氣場太強大，身為職場後輩的我，為了未來在公所二十幾年的職場生涯著想，還是摸摸鼻子算了。我承認這個部分我有點孬。

公務機關的特性是，有新的陌生領域的案子沒人會搶著接，但是有開會通知或會勘通知，沒意外是一定要派員的。

那一天，果然收到會勘通知單的大家都來了。

直擊遺產點交現場：死了一位獨居老人的客廳

點交遺產那天是炙熱夏天的早上。

我們在國宅的一樓集合，我和我的直屬長官一起開車去，在一樓跟很年輕的警察、社會局老福科承辦打過照面後，發現死者高阿姨生前的朋友田阿姨也來了，眷村出身，總是把氣場開很強的里長也終於趕到。

田阿姨對我遲遲不發會勘通知單好像有點怨氣，我的回話也沒有很客氣。畢竟我也是莫名其妙被指派要發起這一次點交獨居老人遺產的會勘，白紙黑字上寫的都不是我（顯示為還在賭氣），為什麼要罵我，不去罵里幹事、員警？

洞開的大門

等待點交的高阿姨的屋子，位在大樓的某個樓層，一群人搭了電梯上去後，來到了高阿姨的住家門口。令我很訝異的是，那個「門口」是向外洞開的。里長解釋說，當初警方是破門而入，後來門鎖被破壞也沒辦法鎖上了，就這樣大門洞開，任誰都可以跑進去。

屏著氣進入屋內，又一次顛覆我的想像。在我的想像裡，獨居老人死亡多日才被發現，現場應該是臭氣四散，有著觸目驚心的血跡之類的，至少也會有蒼蠅到處飛吧。但我發現我們置身在一個寬敞明亮的客廳，幾乎可說是一塵不染，東西收拾得乾淨穩妥，鼻子也嗅不到什麼異味。

我們要點交的「遺產」已經被人收拾過放在電視櫃上了。包含一串鑰匙（有感應扣和遙控器）、一支掀蓋式手機、駕照、提款卡、印章和一些並非新臺幣的紙鈔和硬幣。

點交的過程就是我們（主要是我直屬主管和我）翻看可能藏有重要物品的櫃子抽屜，尋找著其他藏匿的「財產」。但是翻了三個房間和客廳、餐廳，發現櫃子裡只剩下似乎收拾得很整齊的衣服和包包，完全沒有其他的現金、存款簿、黃金首飾之類的有價物品可以被翻出來。

猜測因為門戶洞開了半個月，這裡早就被鄰居和任何推開門走進來的人翻過很多次了，我記得流程圖上畫的是，在通報獨居老人死亡後，就由里幹事和員警立即會同點交遺產，可能怕的就是這種情況。

這個案子因為沒有立即進行遺產點交，我們能點到的就大概是茶几上的那幾樣無關緊要的東西，因為是這麼多單位一起來點交，而且大家都表示自己是「第一次來」，所以也沒有什麼異議，各自在點交單上畫押簽名，就由我先保管了這批「遺產」。

被拆掉的木頭地板

點交的過程挺順利的，只有當里長指著客廳的貼皮木質地板——那裡不知何故少了好幾塊。里長淡淡地說：「當初高阿姨就倒在這裡，因為死亡蠻多天的，（特殊）清潔業者最後只好把地板拆掉，才能去除那些氣味。」

我才再次意識到我們正站在「獨居老人死去多日的案發現場」，當里長和田阿姨說，高阿姨生前養的狗，因為無人餵食而隨她而去，我又在房間看到一個狗籠的時候，那些想像才變得比較立體。

田阿姨在現場的角色，像是替高阿姨監督著這一場由國家主導的「獨居老人遺產點交儀式」，她口中常唸著高阿姨的名字，聽起來很有感情，不捨朋友離開，後事被一群很被動又沒經驗的公務員「處理」。從我的前手告訴我的處理頻率（七、八年來只有三件），和我在寫完論文、本書成書前至今只有遇過高阿姨這一件獨居老人遺產點交案件的頻率來看，在臺無親屬，非榮民身分、有遺產可點交的獨居老人，數量真的是很稀少，也不能怪我們經驗這麼缺乏。

這個案件至今仍縈繞在我的心中，即使過了一兩年，仍輾轉聽到高阿姨留下的房屋，因為無人繼承，也還沒到法律規定得以處理的年限，因此一直荒廢在那裡。附近的鄰居開始有耳語，說房子不乾淨，半夜會聽到聲音。里長也曾詢問公所是否有經費可以請道士作法等，我在想，論文刊出或這本書出版後，高阿姨的靈魂可以獲得安息了嗎？在社會科學的論證裡，我們似乎無法與亡者溝通，但是我們可以試著把獨居老人死亡的處理流程，經由揭露出來，設法做得更人性化、完善些，這也是高阿姨的離去，留給世人的一個禮物。

論文就來寫國家怎麼處理獨居老人的死亡吧

那次點交高阿姨遺產的經驗，讓我萌生了「學位論文就來研究這個吧」的念頭。因為，既然連被強制劃分在「獨居老人死亡行政」第一線的我們，都不知道要怎麼做；對一直踢來踢去的皮球，沒有一個比較妥適的解決方案的話，那麼，一般人應該更難清楚到底國家是怎麼處理獨居老人的遺體和遺產。

但這很重要不是嗎？

我先前說過，即使是結了婚、有小孩的人，都難保自己到了最後，不會是一個人孤獨地離世。臺灣正搭上超高齡社會的失速列車，同時面臨傳統家庭關係的崩解，未來孤獨死的狀況將會更加普遍。因此，了解國家到底是怎麼對待獨居老人的死亡，這件事就不再是一小群人的好奇和困惑，而是整體社會都值得關注的事。

獨居死亡的未來

我過去受的訓練以文學閱讀和寫作為主，文學寫作重視的是「意境」，需要符合或超越某種時代美學，也不排斥惡搞和顛覆。但文學比較不會強調數據的歸納、比較、解釋，應該這麼說，如果文章裡有太多比重在分析數據，那麼就可以斷然地被歸類在「非文學寫作」。

研究所選社會所也是個意外。報考研究所的動機，在於準備升等考試時，被「文化人類學」所點燃的學習慾望。只是，臺灣各大學的「人類所」似乎都只招收日間部的學生，畢竟還是有小孩要養，我只能「引恨」選了夜間碩士班，而且忍痛放棄了就讀「人類所」的幻想。

上網查了臺北教育大學社會與區域發展學系所開設的夜碩班，列出的課程我還蠻有興趣的，就決定報考。報到之後，才發現原來我們的這個名字長到我不知道該怎麼唸出來的系所名稱「臺北教育大學社會與區域發展學系／多元文化與發展／夜間碩士在職進修專班」的前身，是臺北師範學院開給社會科教師的研究所。提供臺北市的國中小學教師們，在繁忙的教學生涯中，可以就近學習，取得碩士學位，以利升遷和實質的薪水升等。

誤打誤撞選了社會所，無可避免要學習社會科學的寫作方法。不同於文學對數字的保持距離，所謂社會科學的寫作，強調的是與自然科學同步，使用數據來證明、推論。雖然我選的是質性研究的路徑，不用發問卷、使用我看不懂的量化數據分析，但是也在兩年半的學習中，學到了不同於文學寫作的思考方式，雖然還很不成熟，但也算與過去所受的文學寫作截然不同的訓練。

更多人面臨獨老、獨死的未來趨勢

社會學如何看待未來獨居的趨勢？我在讀夜碩班的時候，修過「性別演化論」的課，開課的榮富老師依據現在婚戀人數的統計趨勢，大膽預測：「未來，單身將是一種常態，結婚反而是令人意外的選擇。可能到時候你說你要結婚，身邊的人會大驚小怪：『什麼？你要結婚？你認真？』現在聽起來可能覺得很荒謬，但是依據趨勢走下去，加上人們會用認知失調的方式，去說服自己，所以不要說這是不可能的事。」

依據TVBS電視台「孤獨死，求生路」的特別報導，臺灣現在已經走向了「零家庭照顧者」的時代，其中包括沒有小孩的家庭和沒有成家的單身者。一九九一年臺灣的平均家戶人數是三·九一人，二〇二二年平均家戶人數剩下二·五六人，未來家庭的人數依趨勢將會愈來愈少。更多人獨居、未婚、離婚或喪偶，也因此面臨了獨老、獨死。

以大量數據統計呈現出來的趨勢，通常可以相對準確地預測未來。既然獨老、獨死將是大多數人的未來，在沒有家人的陪伴下，如何面對生命的結束，就是我們都需要具備和思考的部分。其實，要是能夠避免孤獨死很多天才被發現，面臨死亡時不見得需要有人陪伴。甚至有研究指出，現代人之所以在死前遭受到許多痛苦，正是因為家人幫忙做「無品質的維生醫療」決定的關係。

對善終的想像

已經有人開始倡議不去醫院臨終的「在家自然死亡」，或稱「斷食善終」，主張如果生命已到盡頭，醫療的維生措施只能延長生命的量，卻無法顧及品質。科學證據顯示，人體到了接近死亡之時，已不需要飲食了，很多醫療措施，卻強制餵食或灌食，甚至以插管的方式提供身體已經在排斥的營養，只因為家人「不想讓他餓死」、「不願意承擔沒有盡力救活人的責任」，但卻忽略了，這些維生醫療，有很大的可能會加深患者的痛苦。

有些人雖然看似有家人，比獨居老人「幸福」，但最後卻只能在醫院的急救中離開人世。去世前身體受到電擊、心肺擠壓、肋骨斷裂等痛苦，家人有時候扮演著惡魔般的角色而不自知，還以為一切都是為了患者好。

只想安安靜靜地在熟悉的地方死亡，不被無效的醫療干擾，不被「家人的意見」左右自己的生死大事，這可能成為人們下一波追求的目標吧。

喜愛閱讀的人，也許比較容易接觸到領先世界的觀念。日本是最早提出「孤獨死」的國家，對於孤獨死的討論也是最多的。社會學家上野千鶴子等作家，出版了許多著作探討孤獨死和理想老後、理想善終的議題。臺灣這方面的著作雖然較少，但是我聽說過在藝文界，作為時常聯繫作家們的雜誌社，在作家面臨老後獨居議題時，意外擔任了「獨居老作家關懷」的社會責任與義務。

長期合作的雜誌社成為老作家晚年的關懷單位

創刊於一九八三年的《文訊》雜誌，由於長期與作家合作、接受投稿及作家邀稿，在高齡化社會來臨的今天，除了原本的文學推廣作用之外，意外多了一項任務：關懷獨居老作家。

老詩人羅門，和同為作家的妻子蓉子膝下無子，《文訊》的總編輯封德屏，就成了兩位作家的緊急聯絡人。羅門因為晚年罹患精神類的病症，脾氣無法控制，在文壇成為大家不願意親近的人物，只有封總編仍然不離不棄地給予關懷。兩老都年邁無力，家中無人打理。羅門過世之後，《文訊》不但出動了辦公室的人力去協助打掃房子，幫兩位作家把珍藏的文本造冊。還協助幫忙將房子賣掉，讓獨身一人去住養老院的蓉子身上有些現金可以花用。*

想不到雜誌社還有獨居老作家關懷的功能，在未來的社會中，各種聯繫管道增加高

* 這一段關於雜誌社如何成為老作家的關懷平台，是二〇二三年二月四日參加臺北國際書展，《文訊》雜誌舉辦的講座中我記在筆記裡的講座記錄。

齡關懷的附加功能，或許是愈來愈普遍的狀況。

近身觀察獨居老人系統人力短缺的現象，我由衷地希望，像雜誌社關懷獨居老作家，這種帶有附加功能的社群媒介，可以有更多的成長。畢竟以現今的官僚體制，要期待突然有驚人的正向變革太難了。這是無奈但真心的肺腑之言。既然對「獨自在家善終」有所期待，就該把這件事放在心上，並付出行動，因為這關乎我們每一個人的未來。

先別嚇跑，用我剛學到的社會學談談死亡吧！

曾幾何時，人們開始害怕死亡的呢？

身為現代人，殊難想像古代部落時期，人們對死亡的看法平淡許多。在爬梳了社會學中研究有關於人們對死亡的態度，得到一個結論：害怕死亡、恐懼死亡和試圖避免死亡，是很晚近才有的現象。

原始部落社會，或者傳統社會中，死亡被視為是一種與生命相對的自然現象，有生就有死。從前的死亡太尋常了，人們忙於對抗洪水、猛獸的襲擊，存活率本就不高，加上醫療不發達，區區一個感冒、細菌感染，就會帶走人命。

死亡隔離比想像中晚近

當然，意外死亡這件事，在古代還是被看作悲劇。只是若情況是自然老死，在傳統社會中，會經由過渡儀式淡化主觀的，屬於個人的悲傷，以集體意識的生死觀，涵納個人之死。在古代，老人的地位相對比較崇高，常在親族的陪伴下，一起面對自然死去的狀況。

而死亡隔離的現象，是在工業化、都市化之後。法國史學家阿里埃斯（Philippe Ariès）在《我們的死亡時刻》（*The Hour of Our Death*）指出，「溫馴的死亡」是十世紀初的一項特色。那時的人們對死亡抱持一種平常的態度，認為死亡是一種日常的現象；透過公共儀式，社群成員一起面對死亡。直到二十世紀中後期，隨著醫療科技的進步、臨終病人醫療制度化等因素的影響，死亡轉變為一件羞恥（Shameful）的事。*

德國社會學家伊里亞思也透過書寫死亡表達了對現代文明的控訴。他在《臨終者的孤寂》中，認為對比性生活的禁忌在現代獲得解放，現代生活中，死亡的隔離現象反而愈來愈明顯，人們面臨死亡的壓抑和困窘不減反增。現代社會中獨居而死亡的人，通常在活著時就是孤獨的，他的自我生活形象、生命的經歷導致他的孤獨狀態，簡單來說，他生前是怎麼活就怎麼死去。**

我在關懷系統裡慢慢建立起對獨居老人的了解，印證了《臨終者的孤寂》說法。無論是在監獄度過人生最精華的時日，出獄時發現自己已經頭髮花白，找不到工作的獨居更生人；抑或年輕時風流瀟灑，擁有多段婚姻和子女，老後孑然一身的老人，他們在人生的最後成為獨居老人，也無可避免地孤獨死去。

美國心理學家貝克爾（Ernest Becker）於一九七三年在演化心理學領域提出「恐懼管理理論」（Terror Management Theory），他認為人類有自我保護的本能，又意識到死亡的不可避免，這兩者互相矛盾，產生很大的心理衝突。這衝突導致人類受原始驅力的支配，尋求逃避死亡，並轉而追求建立有意義的文化。這個理論也解釋了人類如何建立符號與語言。***

另一個關於死亡的新的隔離機制，稱為「死亡的麥當勞化」（The McDonaldization of Death）。由美國社會學家雷瑟（George Ritzer）所提出，他在《社會的麥當勞化》（*The McDonaldization of Society*）指出死亡的麥當勞化現象是：葬禮與殯葬業都是有效率、理性化、迅速、標準化的；這樣做的重點是避免死亡對於循常秩序的干擾，有效率

* 蔡友月，〈完全隔離的孤獨死：Covid-19 與人類文明的反思〉，《人文與社會科學簡訊》，二十二：一（二〇二〇年十二月），頁七。

** 甯應斌，〈現代死亡的政治〉，《文化研究》，一（二〇〇五年九月），頁十三。

*** Lo's Psychology，〈恐懼管理理論：死亡是一切人類行為的推動力〉，關鍵評論網，https://www.thenewslens.com/article/128312。檢索時間：二〇二四年二月十二日。

且乾淨地處理死亡，以在最短的時間內恢復生產力。*

在工業至上的現代，每一秒的生產力都很珍貴。

正因為現代化的死亡，具有隔離、標準化的特性，在獨居老人這類處於邊緣的社會群體，被發現死亡而無法被及時處理時，違反了前述死亡的麥當勞化的處理方式（標準化的生產線，力求「快速且有效」），更加深了人們的不安。人類學家道格拉斯（Mary Douglas）在《潔淨與危險》（*Purity and Danger*）中指出，當一件事物不在它「應該在」的位置，跨越了公私領域的界線，而不符預期，就會被視為是「不潔」的存在；必須洗淨死亡的不潔，才得以恢復社會秩序。**

由於獨居老人的社會連結薄弱，生命充滿不確定性，人們害怕他或她會在我們無法預測的時間點、無法隨時進入的地點（上鎖的獨居老人的住宅，或某個稱不上屋子的陰暗角落）死亡，因而擾亂社會的安穩狀態。以道格拉斯的觀點作為延伸，在現代社會中，獨居老人於家中死亡在集體潛意識被認為是「不潔」的現象。以臺灣地方民俗中「送肉粽」的儀式作為例子，「送肉粽」是對於地方屢次發生有人上吊死亡的淨化過程，人們透過儀式的舉行，試圖淨化死亡的不潔，重新恢復社會秩序。

生命政治（bio-politics）意指在整個現代歷史發展的脈絡下，自十八世紀以來，歐洲國家開始透過各種政治措施，降低意外死亡率、提升公共衛生及人口品質，以控制人口的出生和死亡，愈來愈直接地干預人民的生命。在此種權力運作的框架下，個人的死亡被視為是一種政治問題，而不僅僅是一個生物學現象。死亡指向被權力操縱和控制的過程，包括死亡的方式、時間和場所等方面都受到政治和社會因素的影響。

根據甯應斌的詮釋，傅柯（Michel Foucault）所稱過去掌握生殺大權的王權，可以擅自取人性命或透過權力饒恕避免一死，現代權力則展現在「育成生命」或「不准人死」上面。現代的權力發現生命與身體是可利用的，這意味著死亡在現代不是全然的私人化，國家與醫療權力必然會介入，最具體的例證便是「死亡證明」的開立。死亡證明象徵著醫療權力對死亡的控制，以符合國家法律的儀式。另外國家權力還會展現在墓地規劃、喪葬業管理等面向上，而影響死亡文化。

蕭旭智指出，現代性死亡成為生命政治中重要的一環，展現在隔離與排除，調節與控制，死亡控制甚至落在傅柯生命政治的命題之外，是值得注意的一點。

＊　甯應斌，〈現代死亡的政治〉，《文化研究》，頁八。

＊＊　蕭旭智，〈「非理死」：死亡政體與生命政治的現代轉換〉（未出版博士論文，東海大學，二〇〇九），頁一。

捐棺：用業力法則創造財富的古老傳說

我曾有一陣子非常認真在「捐棺」。

大學剛畢業是我人生中最窮困苦悶的日子，中文系畢業沒什麼可以拿來換錢的專長，個性又比較奇特，求職過程跌跌撞撞，找工作到處碰壁。

大學剛畢業我就和R結婚了，新婚的R入伍當兵，退伍後不久，卻外派去中國廣東長駐，繼續聚少離多的日子。陸續生了三個小孩後，過著偽單親的生活，普考報到的公務員，薪水我記得很清楚是三萬兩千七百九十四元，這些錢要支付柴米油鹽醬醋茶，還是常入不敷出。R不在身邊的感覺，也讓我總是感到提心吊膽，人生是失速的，沒有一件事在掌控中。時常會陷入莫名的沮喪和對匱乏的焦慮。

某天在圖書館翻到一本《富爸爸，窮爸爸》（*Rich Dad, Poor Dad*），又翻到了一本《秘密》（*The Secret*），從此我徹底改變了過去陰暗的想法。透過《富爸爸，窮爸爸》所建立的財商知識，我開始體悟到R赴陸工作，只是把我們兩個之中比較會賺錢的那一個，派到了更適合賺錢的地方，其實是最佳選擇。R也不是故意要拋妻棄子，他一直都很認真認分地工作，返臺假都陪在我身邊，生小孩坐月子，他也都在請長假盡力照顧。

觀念翻轉之後，對於人生不再陷溺於負面、悲觀的泥淖，而是試著讀更多增加財商和身心靈成長的書籍，提升自我的能量。也試著踏出舒適圈，那時對增加財富的學習很感興趣，去參加了房地產投資的課程，也報名過「現金流」的遊戲。

在唯一參加的一場現金流遊戲中，我認識了一位號稱「跳脫老鼠滾輪財富自由的學長」，他分享致富的「心法」給我，說：「如果未來想要在房地產投資裡賺到錢，有一個方法很不錯，那就是『捐棺』。」

捐棺的業力法則

他的論點是：捐棺是幫助那些沒有地方住的死者，擁有一間屬於自己的「大厝」，功德很大。當你幫助了祂，祂會在冥冥之中保佑你在人世間房地產投資順利，這是屬於「業力法則」的一部分。他還說，可以用父母的名字去捐棺，因為當你幫父母做了善事，天地之間的靈會感受到你的善，最終善意迴向到你的身上。他當然也分享了一些關於如何讓自己財富自由的「秘密」，包含花一筆錢投資購買房產、改裝成一間一間的套房，當「包租公」要怎麼管理套房，怎麼挑房客，會遇到哪些問題等。

我聽了覺得「捐棺」這個方法是在做好事，如果又有他所說的效果，那就是一舉兩得了，何樂而不為？花了三個月，存到六千元，去郵局用父母的名字劃撥給接受「捐棺」的慈善協會。當我把開始「捐棺」的行動，告訴這位「學長」，他高興地說：「沒想到妳真的有聽進去。我跟妳說，妳昨天跟我說妳有捐棺，結果就有房客來跟我簽約了，原來分享這個觀念也會受惠！」

後來這位「學長」，似乎捲入了房地產預售屋的陷阱中，成立自救會，對捲走了他們大筆金錢的投機客提告。反而我自認為數學不好，沒有繼續研究房地產投資，逃過了一劫。倒是一直記得他當時跟我說「捐棺」的種種好處。那時薪水只有三萬多，我卻努力擠出錢，平均三個月去郵局劃撥六千元，捐給「財團法人私立弘化同心共濟會」的捐棺項目，希望自己透過幫父母做好事，可以達到他所說的境界——最終跟他一樣「財富自由」。

我所選擇「捐棺」的弘化同心共濟會，會寄信來給我，信件內容是無力殮葬者家屬的申請資料，樣式和我後來在社會課看到的差不多。附上死亡證明、購買棺木的收據，申請書上寫著無力殮葬的事由，拿在手上感覺有點沉重，畢竟一封信就是一條人命。我相信人生沒有白走的路，那時如此密集地捐棺，後來雖然沒有投入房地產投資市場，可是我一直都算是個幸運的人，財運也不差，家人的狀況也都不錯，是不是冥冥之中，的確有許多當時幫助過的靈魂，在暗中協助我呢？

那些年我捐過的棺

在我收藏的文件夾裡，那時捐棺的信件一直保存著，算一算有七封信。申請單位包含埔里鎮民眾服務社、花蓮縣花蓮市民眾服務社、南投縣民間鄉民眾服務社、臺東縣臺東市民眾服務社、高雄市茄萣民眾服務社、中國國民黨基隆市中山區黨部、高雄市旗山民眾服務社等，遍及全臺灣。無力殮葬的事由通常是敘述了一段申請人的家庭和經濟狀況，附上由村里長開立的清寒證明，往生者的死因有癌症、心臟病、車禍意外、蜂窩性組織炎等，這種民間的捐棺急難金核發，不像我們急難救助櫃檯，會去查核申請人的財稅收入，是以相對簡便的方式證明無力殮葬的事由。

看了一下文件上的日期，我約莫是在二〇一三到二〇一四年兩年間，密集捐棺。現在想想還是佩服當時的決心，每三個月要捐六千元，持續了這麼多個月，可見當時對那位財富自由的「學長」的說法，多麼地深信不疑。後來怎麼結束的呢？反而是我自己的業務跨足到原住民急難救助，發現「無力殮葬」其實是要去調閱財稅資料，開始覺得那些民間的審查不夠嚴謹。也覺得捐了七、八口棺，應該足以讓自己和家人增加許多陰德值了，對房地產投資也沒有真的那麼有興趣，暫停了捐棺這個行動。

隨手查了一下財團法人私立弘化同心共濟會二〇二三年七月的捐款徵信，光是捐棺這個項目就有一千七百多筆，可見臺灣民間對於無力殮葬者的資助能量，還是非常的活躍。

雖然那時候捐了不少棺，感覺似乎有幫助到人。可是在我展開研究，讀了指導教授推薦的書籍《27場送行》，認識了「善願愛心協會」，我才知道，原來捐棺只是個傳統迷思。

在一則關於善願愛心協會的報導中，提到「捐棺」成為行善熱門選項的現象：

臺灣近二十年來在所謂宿命論者、通靈人士、宗教、寺廟、民俗專家的大力推波助瀾下，認爲捐棺會改變運勢積福壽並帶來福報，代表升官發財之意；而且古代有所謂賣身葬父、葬母，被喻爲捐棺是善中之善，這些團體如雨後春筍般地成立，只要在網路搜尋馬上就有一拖拉庫資料跑出來。在臺灣經由社工轉介辦過三千多位弱勢亡者全套免費殮葬服務且沒有接受外界捐款的善願愛心協會會長郭志祥表示，「任何眞正願意扶助弱勢家庭的機構都應得到社會的支持與肯定。」

善願協會指出，臺灣著名宗教慈善團體的資深社工在一次電話聯繫中告知，他們所有社工皆知坊間捐棺安葬團體僅是做急難救助或喪葬補助，這是基本常識；有些會員要求我們將急難救助中喪葬金收據改成捐棺；經耐心解釋這根本不是，會員答以「爲什麼別家都可以這樣開，你們就不行」呢？令社工感到相當無奈。新竹縣府社工員引用宗親長輩說法「再怎麼窮，也不願棺木由別人捐」。善願協會分析，國人因迷信因素，只願作捐棺行善，此心態也造成這些團體的困境，若不用這名義募款，根本募不到錢。*

* 巫誠道，〈揭開慈善團體捐棺或安葬真實面紗〉，Yahoo 新聞，https://tw.news.yahoo.com/news/ 揭開慈善團體捐棺或安葬真實面紗 -133222977.html。檢索時間：二〇二四年二月十二日。

從傳說中的三萬塊到聯合奠祭

直到現在，改制直轄市多年後的今天，都還是會有人來公所櫃檯詢問傳說中的「三萬塊的喪葬補助」。

在過去的T市，大家似乎有一個印象，亦即家中有人去世，公所就會補助喪葬費用。但此印象，經查證發現純粹是誤傳，所謂的「三萬塊喪葬補助」，始終都是補助「無力殮葬者」，並非人人適用。

根據急難救助法規，有關「家中有人去世而無力殮葬」的標準，首先要看的是「喪葬費用的收據」，若支出的喪葬費用太低，或者收據不全的話，可能會被判定「沒有無力殮葬的事由」而被退件。其次櫃檯人員會問：「請問喪葬費用是誰出的？」這位出錢的人，會作為案件的申請人，而公所依據申請書，向財稅單位查調申請人全戶的所得、動產和不動產，藉以判斷「申請人是否確實無力殮葬」。

問題來了，通常會墊付喪葬費用的人——絕大多數是往生者的兄弟姊妹或子女，本身應該有一定的存款，才有辦法事先支付吧？出了這筆錢，卻被公所通知「因為你的收入、動產或不動產超過標準，所以我們認為你出得起這筆錢，不符合無力殮葬的事由」。也太欲哭無淚了。

當然了，公所之所以取消「三萬塊喪葬補助」，還有一個原因，就是勞保的喪葬給付，基本上已經取代了過去的「喪葬補助」，成為大多數人支付喪葬費用的主要財源。再者，還有像壽險之類的私人保險理賠，所以「急難救助」裡的「喪葬補助」，是給在扣除了勞保死亡給付和私人保險理賠之外，確確實實還是無力負擔者的額外補貼。

那麼，沒有家屬可以幫忙出喪葬費用的獨居老人，是誰出這筆喪葬費呢？

公務員最重要的原則就是「依法行政」，在這個原則下，我們會好奇，《社會救助法》第二十四條規定：「死亡而無遺屬與遺產者，應由當地鄉（鎮、市、區）公所辦理葬埋。」看似明確，上面寫明了有名無主獨居老人的遺體，理應由戶籍地或發現地公所辦理葬埋，但為何在實務上和論文的訪談中，公所並非處理獨居老人遺體的專門角色？

以T市為例，T市為北部地區的「直轄市」，在《地方制度法》第十四條的規定：直轄市、縣（市）、鄉（鎮、市）為地方自治團體，依本法辦理自治事項，並執行上級政府委辦事項。在T市改制直轄市前，的確是由公所辦理葬埋業務，在訪談中，有些受訪者提到公所辦理葬埋是以「補助三萬塊」的方式來進行的。

訪談社會局阿神，他是這麼說的：「以前是由社會局發文給公所，依據《社會救助法》第二十四條收埋。公所有編那三萬塊，會招標，標給禮儀公司，或是用小額採購，叫禮儀公司去接手，用三萬塊的額度之內，把一個人完整做完……」

文件中的無名屍紀錄

我在翻閱公所過去處理無力殮葬的資料時，也發現，除了有名無主遺體外，「三萬塊」也有被用來處理無名屍體。例如二〇一三年十月有一位車禍重傷，送醫不治的無名屍，在地檢署依據《T縣處理無名屍體自治條例》第六條第三款：未查明姓名、身分者，送由當地鄉鎮市公所，予以收埋。

第一次看到無名屍資料的我，稍微研究了一下地檢署的相驗屍體證明書，上面姓名的欄位填寫「不詳」，性別勾「男」，戶籍所在地寫「年籍不詳」，死亡方式勾選「意外」，死亡原因為「甲、中樞神經休克」，「乙、全身多處受傷、顱腦損傷、骨折出血」，「丙、行人與機車交通事故」，想起聽知名作家大師兄演講的經驗，他說：「你們會看死亡證明書嗎？要從下往上看，倒著看。」進一步解釋：「最下面是最直接的致死原因，通常是疾病或意外；再上來是驗屍時身體呈現的症狀，最後是讓他停止呼吸心跳的原因。」

火化許可證上，姓名欄位寫著「無名氏」，身分證字號「不詳」，性別「男」，戶籍、年籍均填寫不詳，只記載了死亡日期、火化日期、代辦的殯葬業者的姓名和身分證字號。

這位無名屍，比起後來訪談聽說的一些「冰存過久的遺體」，算是幸運的。在檢調和公所的合作下，有一個三萬元的喪葬儀式，最後還獲得了一個塔位，塔位寫上「故無名男之靈骨」，記載了他被發現的死亡日期和地點。這裡我沒有遮蔽任何訊息，真的就是寫「故無名男之靈骨」。

《27場送行》書中第八場送行：〈徐上兵半世紀的歸路〉，描述了一位在馬祖自殺死亡的徐上兵，在熱心同袍的幫助下，把他的線索放到網路上的地方社團（他戶籍所在地的社團），消息一點一點擴散出去，最終找到了他的家人，順利藉由善願協會，完成遺骨回鄉的不可能任務。這位「故無名男之靈骨」會不會有一天，也被鍥而不捨的家人循線找到這個塔位，感激當初有人幫忙這具無名遺體，完成人生的最後一哩路？

關於T市過去用三萬塊喪葬補助來處理有名無主的遺體，聯合奠祭業者S先生在訪談中也有提到：「T市還沒升格前，有一個三萬元的喪葬補助，禮儀公司我接到這個案件，走完流程之後，公所就會發三萬塊給我。升格之後經費就是完全統一了，由聯合奠祭來做後續的安排。」

在聯合奠祭業者S先生的訪談內容中，我們可以看出從「三萬塊」喪葬補助變成走「聯合奠祭」流程的演變，這也意味著「有名無主遺體」的葬埋單位，從原本的「公所辦理葬埋：委託殯葬業者處理，並且補助三萬元喪葬費」，有了變革。改制直轄市後，喪葬業務統一由「民政局」下的「殯葬管理所」負責處理，而「聯合奠祭」是其實是改制前就有的一種處理方式。

改制後無主案件都灌到聯合奠祭

在社會局阿神的訪談內容中，我們可以得知當初從「三萬塊」變成一律走「聯合奠祭」流程的經過：「其實T市還沒升格前，就有聯合奠祭，當時我們覺得聯合奠祭是一個很好的東西，就有跟民政局討論，那時候剛好也準備要升格了，就跟公所協調啊，說你們以後這種無主的案子，全部灌到聯合奠祭，那公所就不用再編那三萬塊、五萬塊，對公所來說，很好啊，我不用再做那個採購的動作，然後我也不用去盯那個驗收，公所承辦人有時候，大家那個……迷信嘛。他們只要處理前階段的行政作業，幫忙做公告，公告完之後，發文給聯合奠祭的廠商，讓他們去整個接手，淵源大概是這樣。」

阿神也分享，政府推行聯合奠祭，之前就有了，但是參與率不高。T市從二〇一五年開始，社會局相關個案、政府相關無主的，都往聯合奠祭發展，聯合奠祭的概念是減輕民眾負擔、改善民間習俗、簡化流程。以環保、創新為訴求，有約二十項的免費服務。但若屬於宗教習俗方面的服務，可能就要付費，例如念經、燒庫錢、燒紙紮、或者是其他宗教的儀式。

聯合奠祭一般來說每場次有八具到十具往生者，一同參與。有幾位往生者就有幾張照片，遺體和棺木在後面，一個火化爐燒一個往生者，一起燒，一格一格燒。

「他是我爸，但我不想認他的遺體。」

我是一個內向者，這樣的特質，做質性研究曾經是個障礙。因為如果想要用訪談作為研究的起點，內向的個性會讓人裹足不前，遲遲無法踏出第一步。

但質性研究好玩的地方，就是在過程中，一點一點地認識自己的界線，經由勇氣或契機，跨越界線，探索從未到達的地方。如果夠幸運，也夠大膽，那個從未到達的地方，也許是至今人類知識或理論未抵之處。

但我當時只是一個準碩士生，沒有那麼遠大的目標。我所要學習的第一步，就是花二到三年的時間，學會問好一個問題，學習用研究方法去思考和做事，這已屬不易。

我初次展開訪談時，笨拙得不得了，跟朋友約在親子餐廳，在吵雜又不斷被上菜干擾的情況下，勉強進行完訪談，後來搶付帳還搶輸人家。對自己內向不擅長交際的個性很生氣。

訪談就像挖礦，挖越深越有東西

後來在新星巷弄書屋聽了房慧真的講座「在田野中練功：談人物塑造與細節描寫」，才學習到如何設定訪談地點。房慧真在講座中提到，相對較好的訪談環境，是對方的住家，其次，是對方的工作場域，如辦公室，最次的，才是咖啡廳（充滿小孩的餐廳就更不用說了）。

起初我蠻沮喪的，空有一個好題目，但似乎礙於自己的能力和人脈，無法從訪談中得到更多未知的訊息，雖然開始進行訪談，可是問到的答案好像都是以前聽過的、想過的，生怕好題目就此被我做爛了，壓力很大。但隨著開始釋放「我在做獨居老人喪葬經驗的研究」訊息給社群媒體、同事和親戚朋友知道，並在我工作的田野，有意識地連結潛在的訪談對象，突然發現，訪談開始跟挖礦一樣，越是往裡挖，越是能挖到有價值的東西。

例如，我原本只聽過社會局阿神的大名，卻從未見過，在一通偶然的電話中，我大膽地向阿神介紹了我的研究題目，引起他的興趣，展開了訪談；再經由社會局阿神的介紹，竟然訪談到了聯合奠祭業者S先生，對研究內容有很大的突破。

前面章節有提過，我的第一份工作是殯葬業的企劃人員。上班第一個禮拜就去殯儀館參加陌生人的告別式。死者是一個十八歲的孩子，剛考上大學，在人生正要綻放的年紀，一場車禍奪去了生命，全家面臨白髮人送黑髮人的悲劇。死者姊姊不捨弟弟這麼年輕就離開人世，特別寫了信給他生前最喜歡的偶像歌手，信中寫了弟弟的故事，懇求歌手在告別式時給弟弟一些祝福和鼓勵。歌手不但溫暖地回信了，還改了歌詞，錄製了親口唱的歌曲，送給死者。我在現場被歌曲和故事感動到不行，淚灑陌生人的告別式，哭得好像自己的親友離世一樣。

人生沒有白走的路，當了公務員之後，我還是對「死亡」相關議題非常感興趣。有了在殯葬業工作的經驗，和S先生約在殯儀館訪談，對我來說並不是一件可怕的事，不過他在跟我約時間的時候，有特別問了我一下：「我們約在殯儀館，時間是傍晚過後，妳沒有什麼忌諱齁？」

「我還好啦。」我說。

黃昏後在殯儀館的訪談

依約前往那一天，我是下班後開車過去，在殯儀館附近的便利商店，想說買個什麼伴手禮帶過去，結果發現那間便利商店賣的東西很不尋常，有賣西裝、領帶，不知道是往生者要用的，還是幫參加告別式沒有準備正式服裝的人，臨時提供的商品？

回想在殯葬業工作的經驗，帶我去太平間的資深同事，還會特地撿七片「榕樹葉」要我帶在身上，叮囑我離開太平間之後，要記得在路邊丟掉，不可以帶回家。但那天訪談我連榕樹葉都沒有撿，想說我又沒有做什麼虧心事，為什麼需要害怕呢？

傍晚後，我們就在S先生的葬儀社辦公室進行訪談，遵照著房慧真講座所說的，最好的訪談地點就是對方的辦公空間。那是個明亮，整潔，擺滿了玉製骨灰罈的辦公室，那些骨灰罈擺得像藝術品似的，坐在其中進行訪談，我也不覺得太奇怪。

S先生很健談，我事後整理錄音檔，前後加起來我們談了一個多小時，總共錄了五段。大多是在我以為訪談結束後，健談的他又不經意地提起了讓我覺得很有趣的事，所以又忍不住錄音、繼續聊下去。

S先生會成為聯合奠祭業者，是家族傳承，他祖父是做棺材的，那時候流行土葬。

後來推廣火葬，他父親學葬儀，問他：「哪時候傳給你？」「不想。」原本他很排斥這個行業，感覺到從事這一行會受人歧視，吃喜酒人家也不願意坐在一起。後來政府開始推行禮儀師的認證，殯葬服務的社會地位提高，父親說現在這行都是交給年輕人，他才改變想法，接手了家族殯葬事業，並開始參與聯合奠祭的標案。

聯合奠祭業者和一般葬儀社不同的地方，就是什麼案子都要接，就算遺體腐爛，甚至已經變成白骨，都要接手服務。

收到通報有人死亡，要走聯合奠祭流程的第一步，業者要做的事，和急診的流程有異曲同工之妙：分類。但和急診不同的是，急診是依據危及生命的程度做檢傷分類，聯合奠祭的分類卻是依照通報的來源來分類。若是家服中心通報的，業者會判定是社會局的案子，走的流程會與一般在家中自然死類似；若是鄰居報警，就會由法醫來相驗確認身分，必要時，會檢驗DNA來鑑定是否死者就是身分證上的這個人。

S先生說，確定是這個人無誤之後，會由社會局來公告，區公所也會發函給戶政，調查他的直系親屬或手足，社會局的社工會找他手足，或是調出口卡資料，聯絡直系親屬來處理。通常失聯很久的親屬，接到電話通知，會有這類的反應：「啊，他是我爸爸沒錯，但是我不想處理，因為他生前欠太多錢了，我怕處理下去，很多人會找上我。」

家屬不願出面認領遺體的解決方案

遇到這種不想認領遺體的家屬，聯合奠祭業者S先生的做法是，請對方幫他們簽一張切結書，委由業者代為處理，使用政府的聯合奠祭，這樣家屬就不用處理，也不用出錢了。

「有這樣的事，那太好了。」表明不願出面處理的家屬，聽說了真的可以全部丟給政府，連喪葬的錢也都是政府出，都會鬆一口氣地表示感謝，很快就簽好切結書。

S先生回憶，也是有家屬擔心簽了這個切結書會有後續的法律問題：「我簽了字，會不會有什麼法律上，或是遺產上的問題？」S先生回答：「都不會，只有一件事，你幫你爸爸下葬，只要簽這個委託書給我，我幫你處理，不用任何費用，把這流程跑完。」S先生也提醒家屬，如果不簽，就會繞一大圈，公告、再公告，至少兩個月的時間。甚至火化完之後，還要和家屬說：「骨灰你不用擔心，你不用領回去，你幫我樹葬委託書寫一下，我幫你拿去樹葬，你可以不用來，因為你已經委託給我了。」他們才放心去做。

順道一提，S先生說：「樹葬其實也不是埋在樹下，通常是在草坪上挖一個一個的洞，把骨灰埋進去，五年後，再重複利用那片草皮，換個人的骨灰去埋，很環保。」

S先生認為，在實務上處理獨居老人的遺體，有三個比較大的難題。第一個是很多老人的生活環境都很不理想，尤其遇到有囤物癖的，往往雜物堆積到連走路都有困難，偏偏他又死在裡面，屍體都爛了，還要硬著頭皮把他拖出去。第二個難題是，遇到有養寵物的人孤獨死後，寵物會啃食屍體，有時連眼球都會吃掉，沒辦法，寵物伴屍多天沒東西吃，太飢餓了。第三個難題，就是人性。怎麼說?從和家屬的對話中，慢慢會理解，為什麼這個死者明明有妻子有小孩，卻還是孤獨死多日才被發現?

原來這些死者，在生前要不是欠了很多債務，就是脾氣很差，可能有家暴、情緒勒索、虐待或背叛的記錄，所以家屬寧可遠離他們，就連死了，也不想接手處理他們的後事。

我聽著S先生分享的經驗，猜想著，他在做的工作，對這些家屬來說，或許提供了一種變相的正義。誠如《臨終者的孤寂》一書中所說：活著的時候是什麼狀態，死的時候就是什麼狀態。人會走向孤獨死無人送終，並不是偶然，而是其來有自。對許多人來說，接到S先生的電話，通知只要簽署放棄處理遺體的切結書，一切交給聯合奠祭業者（等同於交給國家）處理，連費用也不用付，真的會有種解脫感。

「那我如果不簽呢？你們會怎麼處理？」訪談中，S先生模仿家屬反問。

「您如果不簽的話，公所還是會做公告，發文給各縣市政府，對外宣達如果公告期間無人認領遺體，視同放棄遺體，國家就可以介入處理，到時候家屬不得異議。但是如果您現在簽名，死者就不用等公告期滿，有的是二十五天，有的是三十天，免去了這一段等待的期間，大體可以快速完成在世界上的最後一哩路。您也不用再掛心了。」

「沒有人要做，你就跳出來！」

碩士一年級下學期是簽指導教授的熱季，我當時懷著忐忑的心情，帶著一份名為「公務員改變社會的研究計畫」，去找士峰老師請他簽我為論文指導學生。

士峰老師是我們碩一質性研究課堂的老師，我很欣賞他治學的態度，他在第一堂課就告訴我們「論文是會跟你一輩子的東西，要好好寫，絕對不要抄」。他說他自己的學術論文，在比對系統裡比對的結果是零抄襲。

本來我訂的計畫名稱是更狂妄的〈公務員改變世界的研究〉，後來想想「改變世界」好像太難以達到了，可能會造成在訪談時找不到公務員願意談的困境，加上我讀的是社會所，才把「世界」改成了「社會」。

那一天，士峰老師簽是簽了，卻在討論中把題目改成〈中低收老人日常生活安排研究〉，以他敏銳的學術經驗，一眼就看出我原先訂的題目會絆住自己的腳。我後來發現，儘管題目換了好幾次，一開始這個題目一直存在我的心中。我最後選擇的論文題目是〈有名無主獨居老人遺體處理及遺產點交的行政流程〉，在訪談中，我還是有意無意地在找尋「公務員改變世界」或「改變社會」的方法和經驗，這個想法一旦成形，就甩不掉了。

在我訪談的對象當中，有兩位是我心目中「公務員改變社會」的公務勇者大人物。一位是在都會區擔任里長多年，以急公好義著稱的方荷生里長；另外一位是我在社會課久仰大名，聽說他幫助弱勢民眾申請各項補助福利，不遺餘力的社會局阿神（因為阿神不願意公開真名，只能用化名，但絲毫不減弱我對他的景仰）。

訪談「地表最強里長」

能夠訪談到方荷生里長，我只能說是宇宙給的禮物，這種機會根本可遇不可求。機會是這樣來的：有一天，聽說同事辦的教育訓練，竟然請到赫赫有名的方荷生里長，我自告奮勇地說要去幫忙，不但獲得同事的相挺，也獲得主管的同意。在演講前一週，循著政府網站上的里長公開資料，寄了訪談大綱和研究知情同意書，不過並沒有收到回信。在演講當天，我如願經同事的介紹，與方里長相認，像見到明星一樣興奮地自我介紹。方里長說他有收到我的電郵，表示他可以接受訪談，並在演講前抽空讓我進行訪談和錄音，真是非常感謝同事鴻九、阿堂課長和方里長。

方里長的訪談，就在會場之外的公園長椅上，用了他演講空檔的二十分鐘完成，雖然只有短短的二十分鐘，但每個字都是方里長累積多年的經驗談，可謂滿滿的精華啊。

方荷生的事蹟我想不需要我多做介紹，他響亮的外號「地表最強里長」應該大家都不陌生。他長年關注弱勢，尤其關懷萬華南機場社區的獨居老人和經濟弱勢，服務這些老人家的過程，激發了他在公眾服務上的熱血，他不忍心見到老人被遺棄、被不當對待，甚至連獨居老榮民死亡，被榮服處沒有章法地處理，都惹他生氣。

方里長不畏困難和權勢，以自己獨特的行事風格，在保守的公務界闖出了一片天地，為在邊緣角落的弱勢族群，撐出了生存的空間。又和生機蓬勃的非營利組織合作，策劃了很多很厲害的計畫專案，解決許多連公部門都覺得棘手的問題，讓人印象深刻。

我從訪談大綱問到機關「互相踢皮球」，沒有人要負責處理獨居老人遺產點交的狀況，方里長高壯的身軀幾乎要跳起來，理直氣壯地提醒我：「既然沒有人出來做，妳就跳出來啊！叫不動別人，妳就找議員啊！只要跳出來做一次，不管成不成，妳都做過一次。各單位都找來了，就簡單了，遺體就給殯葬處處理，財產就是國有財產署，在會議記錄寫清楚就好。」

這個答案實在太正氣凜然了，簡直是當頭棒喝的力道。我幾乎還來不及反應，方里長又接著說：「有訂出來流程圖，如果會遇到沒有人出面處理，那就是你們機關首長要跟民政局協調，或者去市政會議提出，否則里長向市長提案也行，去《自治條例》裡修正，就解決了。再不然由議員去提，熱心的，願意碰這個事的，你們首長如果跟哪個議員比較好，私下拜託議員，這也是一個方法。請議員來主持，有人陳情啊，各單位就要把事情辦好。」

說到這裡，方里長稍微頓了一下，可能發現他回答的對象只是一個沒有決策權，點頭如搗蒜的小小公所業務承辦：「區公所畢竟層級比較小，如果區長有這個心，願意為老先生、老太太做這個事，也是功德。臺北市也是很多里長不知道怎麼處理這種案子，我就會跳出來處理，我一開口，區公所不能不管，議員也會來幫忙。」

不愧是公務勇者，震懾在他那無所畏懼的氣勢，我也好希望自己有這種勇氣。

二十分鐘一下就用完了，方里長最後談到對他的人生影響最重大的那一位勇者：

「妳有沒有聽過王貫英？一個拾荒老人，他往生後，沒有家屬，是榮民但從未拿過榮服處的一塊錢，他又不是低收，那個年代沒有人幫他辦低收。辦喪事怎麼辦？他是一個拾荒老人，但他很有名，因為他撿了很多書，要蓋圖書館，讓貧苦的孩子去讀書。我受到他的影響很深，他一個人從山東來到臺灣，帶了我們這群孩子，讓我們可以讀書。他有一句名言：『拾廢物、養人物。拾無用，養有用。』

老人家喪事沒人敢辦，我就說我來辦，他們又跟我講一大堆理由，我說管你那麼多。後來媒體來報導，誰辦？行政院來辦，用一塊錢。因為某殯葬公司龍頭的老老闆，跟王爺爺是同期的好人好事代表，他很佩服老先生，老先生走的時候，他就用一塊錢辦國葬。」

訪談「公務勇者」

如果說訪談到方荷生里長是個「心想事成的奇蹟」，那麼訪談到社會局阿神，就是「心想事成的秘密」——《秘密》的效應再次展現了。

在我開始向四周的人釋出「我在研究獨居老人的死亡」的訊息，有許多熱心的同事，都不約而同地推薦了「社會局阿神」的名字給我。我只知道他是一個很熱心的社工，在遊民領域待了很久，也做了很多超越一般公務員會做的事，只是苦於沒有機會認識。

有天我在上班居然接到阿神的電話。

「我是社會局的ＯＯＯ（阿神的本名），妳幫我查一個阿嬤，開個中低收老人證明。我要把她從緊急安置轉成一般的安置。我把她的ＩＤ給妳。」

「喔，好的！」我聽到了阿神的名字，簡直不敢相信自己的耳朵，趕忙答應，並把他交辦的事情盡快辦妥：「證明開好了。我直接放收發文市府交換櫃？」

「好啊！」阿神表示滿意：「謝謝妳。」

「那個……其實我久仰阿神你的大名很久了。我在做獨居老人死亡的研究，有些問題可以問你嗎？」

「妳做獨居老人死亡的研究？妳讀哪一間研究所？」

接上線之後，阿神很快就答應我的訪談，我也很快地帶著訪綱，去社會局他的辦公室找他。

社會局阿神在社工界打滾多年，看盡了第一線的人情冷暖，對於規定模糊的地方，有些人會不敢做或不想惹麻煩，他認為「看到問題就是要解決」，寧可多做一點，幫民眾解決問題：「以前我的前輩曾經跟我說，今天在這個工作，沒有行政規範，那沒有行政規範，就代表不用做了嗎？你想要解決問題的話，其實，行政類一定會考《行政法》，基本上機關在做事的時候，會依《行政程序法》，那沒有法的時候呢？這是一個前輩給的重要觀念：『你看到問題你不解決喔？』那只要在合理的情況下，我們走行政裁量，你可以有一個基本的行政裁量嘛；然後你又發現說，因為現在很多人都是沒經驗，根本不懂得什麼叫做行政裁量；然後資深的，也是閉起嘴巴，『我不知道，不要問我。』所以你會覺得看到很多事情看不順眼，明明就很簡單的一件事情，有什麼難處理的？沒有辦法的時候，總是會有一些解決問題的方式，你願不願意多做一點，幫民眾想辦法解決？」

在公務體系裡，發生權責不清的情況，公務員多半的心態是「又沒有法律明定我要做」，因而相互「踢皮球」；但是有少數的公務員，像是社會局阿神，或是以熱心公益聞名的方荷生里長，他們的心態建立就是「看到問題就要去解決」及「沒有人做，我就跳下去做」。從我後來協助幾位在津貼審核標準的灰色地帶，設法通過中低收老人身分的案例，也可以知道公務員在案件中，扮演的其實是舉足輕重的角色。辦法是人想的，只要不違反法律，能夠多走一步，多問兩句，就可以讓一個人或一家人至少有一段稍微安穩的時光，用政府的救濟管道解決眼前的危難。這是求也求不來的功德，我不知道為什麼大多數公務員都不願意這麼做。

「這樣行不通。」

「規定是不行的！」

「你說的我都知道，可是法律就是這樣規定，我們也沒有辦法。」要這樣說太簡單了，誰不會？但法律也是人定的，難免會有漏洞。眼看著來求助的民眾，帶著失望的眼神離開，看著人被迫露宿街頭、走投無路，我內在的公務勇者會跳出來，指責我的無能為力，我在他們的驅策下，期許自己能夠一直當一個盡力幫忙想辦法的公務員。畢竟，我接觸到的案例和法律比他們多，聯繫管道也比他們暢通不是嗎？

當然，我們不能總是期待行政體系裡，出現社會局阿神或方里長這般屬於「公務勇者」的角色，就像不能總是期待超級英雄誕生出來拯救世界。那得等多久？又會漏接多少需要幫助的人？應該深刻檢討在制定法規時，把權責劃分清楚，從一開始就避免互踢皮球、推諉卸責的情況發生。

「遇到一具屍體，是誰都會害怕。」

開始接觸社會學，我才得以跳脫出對自身的嫌惡，找到我對點交獨居老人遺產感到恐懼的源頭——原來在現代化社會中，在生命政治的作用下，對死亡的恐懼是一種普遍的現象，不是我特別膽小和想太多。

美國心理學家貝克爾在《死亡否認》（*The Denial of Death*）一書中提出，人類對於死亡的恐懼，是由於對自我存在的不確定性所引起的。他認為人類為了抵禦死亡的恐懼，創造出文化、宗教等各種意義體系，以期能超越對死亡的不安。貝克爾也提出了「恐懼管理理論」，認為人們對死亡的恐懼和不安來自於對死亡的不確定性和無法控制感，因此會花費很大部分的時間和精力，試圖解釋、避免及忽略死亡。

在帶著訪綱到處找人訪談的日子裡，我也特意把「對於要去處理獨居老人的死亡，你害怕嗎？」這一題放入我的訪談提問。

都是會害怕，社工、警察也怕

「都是會害怕，就算是我去我也會害怕，遇到一具屍體，又不是自己的家人，誰不害怕？因為害怕，所以會互相推託。」訪談時，社工小文跟我坦承。

小文任職於政府外包獨居老人關懷服務的單位，她們單位列管的獨居老人有一千一百多位，而單位人力就只有三位社工，加上一位主管，平均每位社工要負責三百多位獨居老人的關懷工作。通常獨居老人除了獨居以外，還會伴隨許多問題，是屬於複合型的議題，一次訪視就會花掉半天一天，也就是說，在人力不足的情況下，每位獨居老人能分到的關懷量能，確實非常有限。如果要排現場訪視，以現有的人力，一年可能就只能排一天到兩天，更別說社工訪視回去，還要寫報告、與網絡單位聯繫，即使只是電話關懷，一千多位老人，花費的時間也是非常可觀的。

就我在社會課蹲點的觀察，獨居老人之所以會成為獨居老人，有很大比例具有「重聽」或「行動不便」雙重障礙。由於重聽，與外界溝通成為難題；由於行動不便，難以走出家門和其他人建立連結及互動，例如參加關懷據點的活動或課程。也容易因此伴隨低落、易怒、易怨天尤人的負面情緒，導致家人和鄰居更難與之相處，甚至有輕生的念頭，使獨居孤立的情況更為嚴重。

社工小文對於我要做這樣的題目也很感興趣，她具有豐富的關懷獨居老人方面的經驗，本身對獨居老人死亡的議題也有許多想法。她在訪談中，談到在權責分工嚴明的體制下，遇到案件時，社工往往是第一個被推出去的角色：「像這種案子表面看起來權責分工很清楚，但是到了現場，大家一定是推最弱的那個出去——我自己認為社工的工作不是弱勢的職業，但對其他的專業職別來說，什麼都不知道的情況，就是你社工要去處理，所以社工就莫名其妙被推到前面去。」

「大家都知道第一時間要叫警察，因為不確定是否為他殺，而且要破門一定要叫警察。有的時候警察也是害怕的，會躲在社工後面。畢竟這個議題大家比較不想觸碰。」

從我自己對獨居老人遺產點交業務的害怕與抗拒，訪談過程中也陸續蒐集到原來在流程圖所規定的分工角色中，大家也普遍都會害怕。

咦，竟然有人不怕？

而我在訪談過程中，也有遇到「不害怕遇到遺體」的角色，不過這些角色沒有被畫進所謂「有名無主獨居老人遺體及遺產處理」的流程圖，他們是屬於會接觸到案件，但是不屬於國家科層體制公務員身分的人。他們是誰？我所遇到的，一位是牧師，一位是任職於特殊清潔業的社工。

巫士椀牧師曾任職於桃園永生堂，目前已退休。訪談他我才知道，原來牧師也有退休制度，牧師的退休年齡和一般人一樣，是六十五歲，有時會依需要延至七十歲，以騰出位置給年輕的牧師接班。

巫牧師是我在新星巷弄書屋參加《正義：一場思辨之旅》（*JUSTICE: What's the Right Thing to Do*）讀書會認識的陳牧師介紹的資深牧師，因為我原本和陳牧師問起，我想做這個研究，在他任職牧師的經驗中，不知道是否有處理過獨居老人死亡的經驗，可以分享呢？陳牧師是年輕的牧師，他坦言目前沒有遇過，如果遇到的話，他也會感到有些害怕。但他很熱心地介紹巫牧師給我認識。

我和巫牧師使用Line語音作為訪談工具，他告訴我他從年輕時擔任牧師，在八年前屆齡退休。在高二的夏令營聽牧師講道之後，受到感召決定投身牧師這個職涯，幫助更多人度過困難。

巫牧師在訪談中提到，之所以會對要去點交獨居老人的遺產感到害怕，是因為「比較少接觸」，他也建議如果有信仰的話，信仰的力量會很大，足以對抗恐懼。

牧師對死亡相對的不恐懼，我認為比較能夠理解。畢竟牧師有一個蠻重要的業務，就是為臨終信徒禱告，讓他們可以回到天家，也會為死去的信徒舉行告別式。我自己的媽媽在罹癌後成為基督徒，最後就是由教會的神職人員，及教友的陪伴下，安詳地離開人世。媽媽在臨終前做了很完整的道愛和告別，雖然不捨，她的離去對我的衝擊卻沒有想像中大，我猜這是信仰給她的力量。

而特殊清潔業者在我看來是屬於比較新興的產業，根據搜尋資料，這個行業在日本開始談「孤獨死」之後，成為日本越來越多人從事的行業。和牧師使用「信仰的力量」不一樣，究竟特殊清潔業者是怎麼跨出「不害怕死亡」的這一步的呢？

跟特殊清潔業者借勇氣

友洗社創的社工燕茹是我經由「曹家洋樓文化基地」的志工陳良偉介紹認識的，他同時也是《曹家洋樓》紀錄片的導演。有一次我跑去曹家洋樓看展覽，遇到一個人顧展的良偉，跟他說我在寫獨居老人死亡的題目，他馬上跟我說，有位一起從事立院助理工作的朋友，現在在做遺屋清理的工作，名叫燕茹。我回去馬上加了燕茹的臉書，發現根本是一位超強寫手，對於孤獨死現場遺屋清理的工作，燕茹做了很詳細的記錄，每篇文章都值得好好探究。

我傳訊息給燕茹，跟她提了我的研究，並且表明想要當志工，去體驗遺屋清理的現場工作（我家人若知道應該會碎念，自己家都不清理，還要去當志工清理遺屋？），因為我不想要僅只是一次性的訪談，希望能用參與觀察的方式，進行田野工作，並且寫下田野筆記。

燕茹很爽快地答應我，不過由於我人在相對比較鄉下的T市，友洗他們工作的場域是以首都圈為主，我又是上班族加上要照顧小孩，所以時間其實蠻難喬的，一直遲遲沒有成行。

看到燕茹在臉書貼出要在中央大學演講，我就忍不住傳訊息問她這場能不能旁聽，燕茹說應該可以吧，她跟邀請她的教授講一聲，真的也很感謝中央中文系宋玉雯教授，不但同意了我的旁聽，也和我還有燕茹一起吃午飯聊了許多。

友洗社創是《做工的人》作者林立青，與原本就在做遺屋整裡工作的另外一位作家盧拉拉所創立的社會企業，他們找了街友當員工，替街友存錢、保勞健保、訂定銀行償債計畫等，以實際行動的方式，幫街友洗刷污名，找回與社會重新連接的契機。

演講中有很多觸動我的地方，對我要做的研究更是非常有幫助，很佩服友洗社創的大家，尤其是燕茹，在一群男生和街友當中，她的個子是很好用的工具，男生進不去的窄縫、天花板、踩了就陷下去的地板，都靠她爬上爬下。真的要非常、非常地有勇氣，才能做這份工作。不爬也不行，遺屋清理的報價需要先拍照、評估現場狀況才能估算。聽她描述現場的景況，包含氣味、污漬、蟲或者老鼠，我都快要吐了，燕茹卻說她至今在現場還沒吐過。

燕茹在演講開場時說：「孤獨死現場，最好的淨化，就是家屬的眼淚。孤獨死是晦氣的新聞題材，訪完後有時根本上不了刊，所以願意來友洗訪談的記者都很珍貴。」

她分享說，比起殯葬業者通常處理剛死亡的遺體，那些「不新鮮」的遺體處理，就有很大的機率落在特殊清潔業者身上，以死亡天數來說的話，三天內殯葬業者會自己吃下，由特殊清潔業者處理的部分「通常都死亡兩週以上了」。

在做遺屋清理的時候，遇到死者有嚴重的囤積症，燕茹會從垃圾的種類去分析對方生前是什麼樣的人。

囤積症與死者

「孤獨死長輩會囤積物品有兩個原因，一是對未來的不安，有些東西可能有缺乏的經驗，太慘痛了，所以下意識地拼命囤積；二是行動不便，很難倒垃圾。」

韓劇有拍攝孤獨死的戲劇類型，但劇中沒有拍出來的是，在五樓加蓋的頂樓做遺屋清理，爬上爬下搬著重物二十幾趟，最常見又最讓人害怕的重物是「成人紙尿布」，又多又重，好像搬不完一樣。每次出完車，都要大清消，因為載運的物品不意外的話，會包含幾千幾百隻蛆，臭得要命。有時好不容易把清出來的物品包好、搬到一樓等待載運，會被路過找回收物的阿公阿嬤拆開垃圾袋，讓臭味溢滿整條街，哭笑不得。

燕茹的演講實在非常精彩，一個女生在絕大多數都是男生的團隊裡工作，真的是很不容易。她的寫作量也很大，我衷心期待她的大作出版，想聽精彩的「街友小隊遺屋清理」的分享，也可以去友洗社創的臉書，邀請燕茹喔！

演講過後，燕茹在中央大學的校園接受我的訪談，談到特殊清潔業者事實上是有處理到一部分的遺體。哪些部分呢？

「我們會處理的東西是，亡者死亡太久了，遺留下來的一些皮屑、毛髮，然後滑脫——就是皮屑、毛髮腐爛的時候，皮膚滑脫，從原本的身體部位滑下來。它會變成一灘黑色的，有點像……落葉，一片一片，咖啡色的脂肪，然後會有很多頭髮，死亡超過一個禮拜，頭髮、眼睫毛、眉毛都會脫落。」燕茹說得輕描淡寫，甚至眼角還帶著一朵微笑，對比我一開始光是想像要去獨居老人家中點交遺產，都嚇得要死，實在是太慚愧了。

問到會不會害怕？燕茹繼續帶著淺淺的笑意回答：「芒草心的社工說，他兩年前有遇過一次，後來就不想再遇到了。萬華的社工說很佩服我的地方，就是我怎麼都不害怕。我一個禮拜有兩場，沒有什麼好怕的。」

從巫牧師和燕茹的經驗看來，「提高接觸的頻率」不失為減低害怕的好方法，但前提是，在死亡現場能夠耐得住氣味，不會一進門就狂吐到踏不出那扇門。

第四部

即使死去也無法擺脫的孤獨苦味

開不出死亡證明的馬阿姨

馬阿姨的案子是從一通電話開始的。

暑假的某一天，馬阿姨的朋友謝先生打電話到公所，通報一個獨居老人死亡的案子，並且詢問處理的進度。我接聽了這通電話，謝先生表示馬阿姨是他們家多年的朋友，祖籍是中國大陸，在臺灣沒有家人或子女。馬阿姨曾經幫他照顧小孩，彼此感情親如家人。但在七月間，馬阿姨在從外縣市的機構前往醫院的路上去世，他想要去捻香，提到馬阿姨生前有些遺願，但據他所知沒有正式的法律程序，想要了解案件處理的進度。

我問了負責死亡公告的同事小玫，小玫的答覆是：「還沒有收到。」她問了社會局，社會局也說還沒收到這個案件的通報，推斷可能是因為有人出面認領了，所以程序不會走到要發死亡公告，但也有可能檢方正在相驗，如果案件是他殺，流程也許需要兩個月以上。

不可能有人出面認領遺體啊

「不可能有人出面認領遺體啊！遺體現在還在殯儀館……」謝先生在電話那一頭說得斬釘截鐵。

在謝先生通報馬阿姨去世的一週之後，我上網用比對系統查了一下馬阿姨的資料，在戶政上的註記，她還是屬於「現住人口」，表示並沒有人去幫她辦理除戶。這個案子之所以特殊，第一是馬阿姨真的在臺灣沒有任何親屬；第二是她死亡的地點是在救護車上，據說在這種情況下，醫院不會開立死亡證明。

過了幾週，謝先生再度來電，告知檢察官那邊已經完成相驗，有書記官跟他說檢方已經發文給公所，還給了發文的字號，表示這件事的可信度是很高的。詢問小玫是否有收到檢方的公文？小玫還是表示公所沒有收到公文，要謝先生去問檢察官或是社會局，強調公所若收到社會局發來要公所製作無人認領遺體公告的公文，就表示沒有人出面認領遺體。她還提醒謝先生要去問警察遺體冰存在哪裡，趕快去認領；若要認領遺體要趕在這份公文被處理之前，否則「就太晚了」。

掛斷電話後，小玫跟我說，殯儀館那裡好像要是親屬才能認領，到了公所發無人認領遺體的公告後，只要是「人」都可以認領。並提到他區的公告上是寫「親屬」，我們區是寫「人」，考慮要不要依照他區，把寫法換成「親屬」。

燒成「霧」就無所謂了

那天下午，小玫打電話問市府死亡公告的承辦人，問完之後主動找我聊，說殯儀館不會讓沒親屬身分的人認領大體，如果是「燒成霧那就無所謂」。我跟小玫都覺得這句話很讓人意外，為什麼是用「霧」而不是「灰」，「骨灰」這個名詞是我們一般人認知裡大體焚燒後的形狀，也是我們知道的人類在世界上最後留存之物。但在殯儀館從業人員的描述中，「燒成霧」似乎可以形容一個更為動態，更貼近他們工作現實的狀況。

這件案子從謝先生通報馬阿姨死亡，過了兩個多月，才有了新的進展。據說戶政法規有規定，在得知人死亡兩個月內*，戶政事務所要依法辦理除戶，因此馬阿姨的案件又浮出了檯面，因為戶政人員要為馬阿姨辦理除戶，卻拿不到馬阿姨的死亡證明。聽小玫轉述，戶政的課長問了T市的兩家殯儀館，都告知沒有冰存馬阿姨的遺體。

小玫也覺得馬阿姨的案件拖太久了，所以去問了其他公所比較資深的承辦，從側面了解，似乎T市針對無人認領遺體的公告，以及遺體的後續處理，在民政局轄管的殯葬所，和社會局之間，有不同的認知，因此整個程序與之前小玫所熟悉的「由警察局通報給社會局，社會局發文請公所辦理死亡公告」，已經不相同了。

連社會局也不清楚的遺體下落

小玫在詢問馬阿姨死亡公告進度的過程中，也問了社會局承辦，究竟馬阿姨的遺體現在在哪裡？承辦第一次的答案竟然是：「不知道。」經過第二次追問，才含糊地透露馬阿姨的遺體，似乎冰存在T市某家私人殯葬業的冰櫃。

就一般的情況而論，這種無人認領的遺體，應該要由國家處置，冰存在政府民政局所屬的兩家殯葬管理所，但為什麼會在私人的冰櫃裡呢？小玫推測，可能最後殯儀館還

＊ 依《戶籍法》第四十八條第一項規定，戶籍登記之申請，應於事件發生或確定後三十日內為之。所以這裡說的兩個月內應該修正為一個月內。

是讓謝先生認領走馬阿姨的遺體，謝先生在之前的電話中，也有提到地檢署說，只要能提出居住在一起超過一定時間的證明，非親屬也可以認領遺體。

我在這之中跟謝先生又通了一次電話，我表明是因為要研究獨居老人死亡的題目，所以對這個案件很好奇。謝先生也同意接受我的詢問，表示他是退休的法律人，覺得馬阿姨的案件這樣拖著，實在是很奇怪的一件事。

親如家人的回憶

謝先生回顧馬阿姨原本和他們住在一起，二〇一九年幫她慶生之後，馬阿姨晚間在停車場跌倒，當場身體出現癱軟的情形，推不動地下停車場到電梯間的防火門，痛得在停車場哀嚎，被警衛發現送醫。謝先生在凌晨一點接到電話，奔至急診室，又陪病住了一個多月，馬阿姨的腳還是救不回來，從此不良於行，住進謝先生幫她精心挑選的機構。之所以說精心挑選，因為機構的環境和衛生都很好，收費也不便宜，顯示馬阿姨雖然在臺灣沒有親屬，卻有如同家人般的友人謝先生一家，然而到了生命的最後時刻，最親的友人還是無法出面為她辦理後事。

馬阿姨是謝先生太太的繼父的老來伴，曾經跟謝先生和謝太太住在一起，照顧過謝先生的兩個小孩。謝先生回憶當時馬阿姨突然無法走路，他到醫院陪病的情況，還是心有餘悸，由於當時是臺灣本土疫情剛爆發的那一年，疫苗和群體免疫都尚未到位，疫情指揮中心規範了非常嚴格的隔離政策，謝先生每次從醫院回來，都要在陽台把身上衣物全換掉，從頭到腳都要噴酒精消毒，才敢進屋去接觸家人。

「妳知道一般住院請看護一天要多少錢？」

「不清楚耶……」我被突然一問，腦中無法馬上浮現數字，反問：「要多少錢？」

「一般看護費用大概是兩千四百元一天，因為我想要趕快有人幫忙照顧，所以會加兩百元車馬費，大概是一天兩千六百這個區間。但是妳知道馬阿姨疫情期間住院的時候，看護要價一天多少錢嗎？我告訴妳，一天要八千元！」

「八千？太貴了吧！」我忍不住驚呼。

「是啊，仲介說，因為看護去照顧一次，就要隔離十四天，不能上班的損失，也要納入看護費用才合理。」

這樣聽起來，似乎也有道理，和謝先生對話的過程中，我感覺到，他和馬阿姨真的蠻像家人的，那天電話裡他說了很多，大概因為我除了說我要辦遺產點交，也表明了我的研究生身分，還有我協助他詢問馬阿姨公告期滿後，遺體處理的後續（但是同事小玫也沒有太多後續要怎麼辦的訊息，她依流程發了公文給殯葬管理所，載明馬阿姨的遺體因公告期滿無人認領，請殯葬管理所協助處理，我跟她要了殯葬管理所窗口的電話，但她也只有收發文的電話），可能我的語氣和態度，跟謝先生平常詢問事情時接觸到的回覆不一樣，所以他跟我說了很多話。

謝先生說，馬阿姨住機構前，家裡有時候會來很多鄰居，他覺得馬阿姨喪偶獨居，有朋友來走動也是好事，所以也沒有多問。馬阿姨的好手藝在朋友間是盛傳的，他還曾因為跑去外面吃牛肉麵，被朋友消遣：「你們家就有好吃的牛肉麵了，還要吃外面？」馬阿姨因為有遺眷身分，所以經濟狀況還算不錯，領有半俸。有一次，謝先生問馬阿姨可不可以給他看一下存簿，這一看不得了，馬阿姨竟然在短短三個月之內，領了一百五十萬元，問她領這麼多錢要做什麼？馬阿姨說，鄰居老吳的小孩開痔瘡沒有錢，誰誰誰又急需用錢跟她借了一點，再過一個月，謝先生發現馬阿姨家裡的餐桌和其他家具也都換新了，馬阿姨說「因為很多人來吃飯」，謝先生跟我說，說句不客氣的話，這些朋友就像是「蒼蠅」一樣。

他們家有很多合照，從很久以前住在陽明山，後來搬到T市，馬阿姨和謝先生的家人們一起穿英倫風校服，一起經歷許多點點滴滴；即使馬阿姨後來住進了機構，謝先生還要求孫子們，有空就去看阿祖，他自己也是常常去探望馬阿姨。

非三等親不能辦後事，連領遺體都不可以

「都相處這麼多年了，就跟家人一樣。我想要幫阿姨辦後事，但是他們說我們不是三等親，不可以由我來辦，連認領遺體都不可以。」

謝先生說自己是法律人，軍公教身分，也許因為是法律人出身，所以他一開始是去詢問檢察官遺體認領的事，但這件案子經過了很長一段時間，中間也不知道發生了什麼狀況，他質疑流程應該可以更簡短，為什麼會需要三個月的時間來處理呢？

謝先生請我幫他問問看，公告期滿之後是否可以由非三等親的他出面認領遺體？如果真的不行，那聯合奠祭的日期是哪一天？

我依著小玫給我的電話（殯葬管理所的收發文）打去問，但收發文的承辦休假，接電話的小姐很客氣地聽我講完問題，卻禮貌地請我下週上班再打，因為她也沒有辦法回答這些問題。

我把這些問到的情況回覆給了謝先生，他可能也沒有期待從我這裡可以有什麼突破，說了謝謝，我們就斷了聯繫。

畢竟，在公部門「不在其位，不謀其政」，一天到晚去干涉別的同事的業務，是會被人家討厭的，在馬阿姨的案子上，我覺得我已經有點越界了。

遺憾的是，即使我論文寫完通過了，也開始著手進行這本書的改寫，還是無法得知馬阿姨最後遺體是怎麼處理的。我曾試著和謝先生聯繫，但他話說到一半就掛電話了，因為正好到達會議室要開會；後來傳簡訊給他，請他回電或和我加通訊軟體，他沒有回應。

也許對謝先生來說，公部門充滿令他失望的回憶，不願意再和身在公部門的我多說什麼。馬阿姨的後事我猜謝先生還是有用一些特殊的方法協助完成，但也許這些「不足為外人道也」？

民代的冥婚妹婿黃爺爺

獨居老人黃爺爺，據說之前是公所的「常客」，他雖是同事小真的舅舅，但小真並沒有扶養他的義務，所以也只能在有限的範圍內幫助他。

據小真說，黃爺爺出生在清苦的家庭，排行老么，上有一個哥哥，五個姊姊，其中兩個姊姊從小便被賣給人做童養媳，哥哥倒是很上進，初中畢業後，考進了國營企業，成為臺泥的公務員。

黃爺爺相貌清秀，身高接近一八〇，在當年是「黑狗兄」般的瀟灑俊朗，也因此早早被當地的鄉紳相中，與鄉紳早夭的妹妹牽起了冥婚的緣分。後來黃爺爺落魄成了獨居老人，需要申請社會救助度日，那時公所的公務員也遇過了那位名義上「舅子」的關切。

黃爺爺照理說不應該落魄至此，除了與鄉紳妹妹的冥婚緣分，他前後有過兩段婚姻，從鄉紳那裡得到了一些土地和金錢，開了一間工廠，日子應該不難過。可惜他好賭又好酒，第一段婚姻生了個女兒，離婚之後與在酒家結識的阿鳳組成了家庭，育有一子。但後來阿鳳把他的土地、房子、存款占為己有後，就帶著兒子跑了，留下一身病痛又年老的黃爺爺一人獨居。

切斷電源的雜亂之家

社工在進入到黃爺爺獨居的家中時，發現他雖有房子住（曾任地方民意代表的朋友慷慨借住），但住屋處卻處處凌亂，而且沒有電，一問之下發現原來是黃爺爺沒錢繳電費，連帶手機也無法充電，所以之前約訪多次都聯繫不上。

黃爺爺住處堆著許多沒有食用完的便當，原來是他有申請長照送餐服務，但是因為洗腎，身體常常不適，所以老是吃不完，也無力處理，便堆在那裡。

小真是公所的業務助理，黃爺爺時常去公所找她，一坐就是許久，但小真的媽媽叮囑她，不可以借黃爺爺錢，所以她只能給黃爺爺一些物資，並且盡量幫他申請各種社會救助，例如身障生活津貼，還有急難救助，並幫他通報了獨居老人。但縱然有社會救助的挹注，黃爺爺還是喊著缺錢。

冬天寒冷，小真和媽媽聽黃爺爺說，家裡的被子是很老舊的棉被，一點也不保暖，便把家中輕暖的毯子贈送給他。公所有一年為獨居老人採購了一批毯子，小真也領了一條給黃爺爺。

黃爺爺在人生最後的日子，據關懷獨居老人駐點社工的記錄，是在腎臟病痛和極不耐煩的心情下度過的。最後一則記錄，是關於緊急送醫經過的描述，在那次的實地探訪中，社工發現黃爺爺確實不像是無病呻吟，而是真的身體承受著難以撐持的疼痛，於是幫他叫了救護車，在尋找健保卡的過程中，黃爺爺表現得非常不耐煩，指著一堆凌亂的棉被衣物，說：「健保卡就在那一堆東西裡面。」

送醫之後不久，黃爺爺就離開了人世。

據小真的媽媽的說法，黃爺爺生前表示過人生無趣，不想再苟活下去，也就不積極配合洗腎，導致腎臟損壞，送醫後也無法救治。

曾有數段婚姻、幾位子女，最後還是走聯合奠祭

黃爺爺生前曾對子女提起扶養訴訟，調解時女兒就被要求要每個月給黃爺爺三千

元，女兒長大後在軍中擔任飛官。據說女兒有些感嘆，因為成長過程中，黃爺爺並未盡到扶養女兒長大的義務，但長大後卻要每個月給黃爺爺三千元生活費；而調解時，第二任妻子阿鳳和兒子阿生完全沒有出面。

還在訴訟當中，黃爺爺便去世了，阿鳳和阿生從頭到尾見不到人影，女兒小柔最後倒是出面處理後事，雖然走的是不怎麼需要花錢的「聯合奠祭」，但因為聯合奠祭處理骨灰的方式是用「樹葬」，如果不願意用樹葬的話，需要家屬出錢處理骨灰，女兒於是出了一筆錢，讓黃爺爺的骨灰可以去到與其他家人一起的地方——寺廟的納骨塔。

處理喪葬儀式時，需要一張可供放大的遺照，但小真和媽媽並沒有黃爺爺的近照，女兒小柔自然也是沒有，最後是請小真去問能不能到戶政事務所，申請黃爺爺申辦身分證時的照片，洗出放大，結果黃爺爺的遺照，就是以這樣的方式呈現了。

通常喪禮過後，家人會希望拿回死者的遺照，回家紀念或供奉，但黃爺爺的遺照，最後跟著遺體一起入焚化爐，女兒並不想要保留那張照片。

參加聯合奠祭的時候，小真記得，黃爺爺這邊總共有五個人送行，分別是：小真、小真的媽媽、小真的爸爸、小真的弟弟，以及黃爺爺的女兒小柔。令她印象深刻的是，旁邊有一具遺體，是屬於有名無主，無人認領的遺體，連遺照都沒有，是五組聯合奠祭的遺體中，唯一沒有人瞻仰遺容的，被安排在五組的最後，快速地火化了，安安靜靜地，什麼都沒有留下。

而年輕時瀟灑倜儻，有過轟轟烈烈人生的黃爺爺，在人生的最後，又留下了什麼呢？女兒小柔連遺照都不願意帶回家。

小真回憶道，媽媽在黃爺爺火化的時候，喊著要黃爺爺（的靈魂）去找阿鳳和他們的兒子阿生，因為他們拿走了黃爺爺的所有財產，什麼也不留給他；至於女兒小柔，因為已經出面辦理後事，也出錢處理了骨灰，所以勸黃爺爺的靈魂應該要放下了，不要為難小柔。

黃爺爺屬於生前為列冊獨居老人，死後因家屬無意願處理後事，因此交由國家代為處理（參加聯合奠祭）的案例。

路倒死亡的更生人周阿公

我的協辦阿光是用「以工代賑」的身分進用的，在公所，社會課是屬於臨櫃業務的性質，上班時間櫃檯隨時都要有人顧，以確保民眾來公所申辦業務的權利。但是公所的編制人力不足，因此會有很多從其他課室調用人力的情況，另外，「以工代賑」的進用，也是補足社會課人手的一種方式。

依據T市政府社會局網站顯示的資料，T市以工代賑進用的條件為年滿十六歲以上，六十五歲以下，符合以下條件：

一、本市列冊之低收入戶或中低收入戶。

二、因家庭發生變故或經濟陷於困境，經本府社會工作師（員）評估確有擔任代賑工之需求。

在實務上，雖然以工代賑的身分，提供在政府部門工作的機會，但代賑工的工作時數受到限制，領取的代賑金不能超過基本工資，也不適用《勞基法》，對許多急需經濟來源的低收、中低收入戶來說，並不是優先的選擇。

我的協辦缺曾經空懸了好一陣子，我和小協辦只能一起顧櫃檯，我又要辦理業務又要接待民眾，其實蠻吃力的，也無法休假。就在我擔心永遠都找不到人的時候，阿光的到職給了我很大的幫助。他自述由於正義感太重，看不慣很多事情，之前的清潔工作得罪人，而被迫離職。看到公所徵募以工代賑的消息，他抱著姑且一試的心情，應徵上了，起初他在低收櫃檯，後來業務調動，來到我們老人福利櫃檯支援。

阿光並不避諱自己的低收身分，他用說笑話的口吻告訴我們，本來是要幫老爸辦低收，後來老爸沒通過，自己倒是通過低收身分。阿光的父親因為身障且失能，必須要人照顧，所以阿光花了很多時間照顧老爸，也經歷幫他申請各種補助、找機構的過程，所以對社會救助、長照這一塊有許多親身經驗。他的一雙兒女已經上大學，所以平時下班也沒有什麼事，他是個閒不下來的人，一有空就會去公園、公所附近的廣場找老人聊天，包含街友也是他聊天的對象，他會要求街友把身上弄乾淨，把口罩戴好，並且拿食物、飲料給他們食用。

差點成為夢想基地的山上房子

之前在低收櫃檯，阿光辦的第一件案子，是一位住在附近山上的獨居老人周阿公，因為是自己服務的第一個個案，阿光對他非常關心。周阿公拄著拐杖，行動不便，只要他來公所，阿光就會去招呼、問候他，有一次周阿公在公所跌倒，也是阿光協助處理的。

阿光告訴我，周阿公是來申請低收的時候，才發現自己身上有筆不動產，就是他在山上的棲身之所。那個地方其實也稱不上房子，因為連屋頂都沒有，睡覺的時候要是下雨，就要一直不停地側身，防止身上弄溼；而且雜草叢生，阿光曾經造訪過，被蚊蟲撲咬，身上癢得不得了，最要命的是，還沒有水電。

周阿公獨自居住在那樣不方便又荒涼的地方，沒水沒電，也沒有個屋頂可以遮風避雨，實在是很不理想的居住情況。阿光在得知周阿公名下有這筆土地之後，自告奮勇想要幫周阿公修繕房屋，至少把漏水的屋頂補強，他並告訴周阿公：「以前你沒有能力，現在你有能力了（指名下有土地的事），應該要回饋給社會，我們如果把你這裡整理一下，除個草，弄幾個泡茶器具，叫那些沒事幹的老灰呀（口語化的臺語——老人家的意思）都來這裡泡茶聊天，你看可好？」

阿光說，他連割草機都差點買下去了，但就在臺灣爆發本土疫情，阿光確診被隔離的七天內，得知了噩耗——周阿公在山上的路邊被發現，已經死亡多時了。

從極度抗拒去點交獨老遺產到有一點點期待

我從其他同事的口中，得知周阿公年輕時常進出監獄，是更生人的身分，也難怪無論是親人，還是里長都對周阿公保持距離，他之前有傷害、毒品、偷竊的前科，在社區內惡名昭彰。更生人要重返社會，不是一件容易的事，阿光對周阿公的關懷和包容，不知道在周阿公人生的最後一段時日，有沒有曾經提供過幾許溫暖的火光？

問了死亡公告的承辦小玫，周阿公的死亡並沒有通報到她這裡，所以她不知道是否要辦理死亡公告，推測是有親友出面認領遺體，所以沒有進入到社會系統中的無主遺體公告程序。

一開始對於要去獨居老人家中清點遺產，充滿恐懼的我，因為做了這項研究，反而有種複雜、期待的心理，希望能再有機會去陌生的獨居老人家中點交遺產，把經驗寫進論文。而「可惜」的是，一直到我寫完論文，都沒有發生需要去清點獨居老人遺產的情況，協辦阿光時不時還是會和我提起周阿公的那塊地，惋惜當初的「夢想基地」沒能實現，但那塊地，似乎和高阿姨的空房子一樣，就此閒置。

根據《土地法》的規定，逾期未辦繼承登記土地如經列冊管理十五年，國有財產署將依法公開標售，五次未脫標即登記為國有；所得價款保存十年，如無人申領則歸屬國庫。如果理解沒有謬誤的話，高阿姨的房子，和周阿公的土地，若無人繼承，會有十五年的閒置期。在內政部二〇一九年發布的新聞中，全國截至二〇一八年底地政機關列冊管理民眾逾期未辦繼承登記的土地面積達一萬四千七百一十二公頃，約有五百六十八個大安森林公園的大小。

「人死多久會發臭？」
熱心鄰居意外發現的獨老死亡事件

陳巴樂是我在公所任職後，認識的一位在地人兼做廣告的廠商。起先我不太敢跟他講話，因為他的臉看起來有點兇惡，講話也是一副流氓大哥的調調。感覺隨時都會吐檳榔汁在地上，順口飆出一句國罵。

但隨著認識的時間久了，也發現原來「人不可貌相」是真的。巴樂其實是一個熱心助人的朋友，他給自己起了個外號──「不分區里長」，顯示他對於鄰里的事，只要幫得上忙的，都義不容辭。

巴樂經營一間廣告公司，也是搜救隊的隊員，只要哪裡發生災難，例如山崩、地震、山難，就會被徵召出動搜救。因此他有許多接觸到死亡案件的經驗。而我之所以會跟他聊到獨居老人死亡的事情，源於有一天他在臉書貼文，表示他賣雞排的朋友問他，住在隔壁的拾荒老人很久沒看到人了，「如果他真的往生的話，人死後過多少天會有屍臭味？」

人死多久會發臭？視天氣而定

巴樂還真的一本正經地回覆朋友：「如果是這種秋天的天氣，差不多三天，會比較慢。」巴樂接著問：「你確定都沒有看到他？你要報警嗎？」可是朋友說：「我要出攤了，沒空。」

跟朋友對話完，巴樂想想不對勁，獨居老人如果在家昏倒了，錯過了急救的黃金期，那豈不是糟了？他自認因為個性很雞婆，無法忍受這樣的事發生，所以就打電話幫忙報警。

報警之後，巴樂先到了拾荒老人的家，在外面等警察的到來。約莫等了十幾分鐘，年輕的警察出現了。警察開始問街坊鄰居，請問這位是獨居老人嗎？他有沒有親人？經由街坊鄰居的確認，這位老人家的確是獨居，平常以資源回收為業，賺取一些微薄的收入。判斷老人已經幾天未出現，回收物堆積得到處都是。

這時候有些鄰居開始提供情報，老人好像有說他要去住院，好像是說去榮總。警察聽到住院，就不想破門，既然有人證，那可能就是去住院，才多天看不到人。巴樂這時又發揮「雞婆」的個性，要警察去查住院名單，確認這位老人家到底有沒有去住院。

年輕的警察不太會查詢住院名單，用的方法是打電話去醫院詢問。巴樂身為搜救隊的隊員，對於找人、救災比年輕警察還要有經驗，他拿起手機，熟練地使用網路，查詢了醫院網站公告的住院名單；把附近縣市的榮總都查過了一遍，住院名單就是查不到這位老人家。在查詢的過程中，巴樂也打給了里長，因為依據他的經驗，破門一定要有警察和里長在場。

里長到來之後，一起協助再確認街坊鄰居這幾天都沒有看到拾荒老人，住院名單也的確沒有他，而門口堆積多日的回收物確實讓人不安，於是他們找來了鎖匠。

在警方和里長的陪同下，鎖匠開了鎖，打開門進去查看——果不其然，這位拾荒老人已在屋內死亡多日了。

發現獨老死亡，需要一點雞婆和堅持

巴樂說，要不是他雞婆，聽到朋友問人死後多久會發臭的問題，覺得不妙，採取了行動。並在警方聽到鄰居說老人住院想結案之後，堅持要查看住院名單；並通知里長、找鎖匠破門，那麼這位老人家可能要等到屍臭四溢才會被發現，到時候整條街都會一起陷入惡臭和恐懼。巴樂也補充，雖然我們有時候很熱心，急於助人，但是也不要在警察和里長不在場的情況下，自行進入別人的家中查看，這樣是會觸犯法律的。

巴樂表示，鎖匠破門後的現場，通常報案的民眾和里長都不會進去，只有警察會進去。警察確認有人死在屋內後，都還是會通知消防隊，巴樂覺得很不解：「人都死了，為什麼要叫消防隊？」他問過殯儀館的從業人員，對方解釋：「調查確認過後，還是要由消防人員協助，因為他們有緊急救命的執照。」

我因研究訪談了消防隊員H先生，他表示消防員的訓練中，對於人是否死亡有以下的判斷依據：

一、無意識。
二、無脈搏。
三、無呼吸。
四、身體僵硬。
五、身首分離。
六、身體腐爛。

如果到現場後，發現沒有符合上面這幾個判定死亡的原則，消防隊原則上都會急救處理、送醫，所以會聽到「OHCA*——到院前心肺功能停止」。如果要構成死亡，沒有這麼快，要符合上面的定義才可以判定。

H先生也說，消防員的裝備無法隔絕屍臭，就是戴一般的口罩、戴手套，那個味道不是臭而已，很難形容，聞到會覺得頭皮發麻。

為了了解在社區內死亡的獨居老人處理流程，我也訪問了幾位里長，公所的里幹事中，比較常主動協助其他課室的是劉明龍大哥，他負責的三個里，里長都是很熱心、仗義的類型。

其中南美里的黃雅蓉里長跟我分享她曾經協助過的案件。雅蓉里長擔任里長的年資有十多年了，她說小時候很忌諱跟死亡有關的話題，遇到有喪事樂隊經過，她當天晚上就沒辦法睡覺。但是後來因為當了里長，也加入了義消，受過專業訓練，加上先生當了四年里長的期間，也從旁幫忙處理一些里民死亡的案件。慢慢地她就不害怕了，想著要去幫助這個人，而不是害他，可以降低恐懼的感受。

*「OHCA」指的是 Out-of-hospital cardiac arrest，唸法近似「歐卡」，指患者在到院前心肺功能停止，但不代表宣判死亡。楊艾庭，〈OHCA 是什麼？救得回來嗎？存活關鍵在目擊者〉，健康醫療網，https://www.healthnews.com.tw/article/51651。檢索時間：二〇二四年二月十二日。

她說她遇過一件，是八十歲的老榮民，老婆小孩都在大陸，老榮民自己在社區內租屋。因為是榮民，所以發現他死在屋內，熱心鄰居通報後，是由榮民服務處（榮服處）介入處理遺體和遺產。

里長的功能：見證人、確認身分和討價還價？

雅蓉里長說，在這個案子裡，老榮民最後是有積欠一些房租，她身為里長，在榮服處派人來點交遺產的時候，有問榮服處的代表：「他積欠的房租要不要從遺產扣抵？」結果榮服處的人對這個疑慮採取置之不理的態度。

雅蓉里長解釋了里長在獨居老人遺產點交流程裡的工作和角色：「里長的工作項目裡，對於獨居老人死亡沒有特別的規範，榮民中心過來的時候，希望里長能做一個公證人，確認哪些東西能搬走，像桌子、椅子不搬，值錢的東西，像是電視什麼的，有可以賣的，會搬，他們做一個清冊，列出他們搬走的什麼東西，我們做一個見證，簽名。」

另外雅蓉里長也說，有時候里長的功能是幫忙「殺價」，這個功能蠻實用的，但是也突顯了里長身為死亡現場第一線會出現的人員，可能遇到的意外支出，有時候遇到沒人買帳，里長是得要掏錢出來的，至少也要幫里民殺價。例如里長談到一個曾經經手的案例，那個死者是在里內類似廢墟的樓上，疑似被人打死的。那個廢墟第一和第二層有住人，三到七樓是廢墟，他死在七樓，不知道是失血過多還是餓死的。葬儀社通知死者的兒子到殯儀館認領遺體，要價七千元。

「七千不會太貴嗎？」里長質疑殯葬業者的收費太貴。

「屍體從七樓搬到一樓不用七千嗎？」殯葬業者回答。

「我跟你說，他小孩子從南部上來，身上沒帶這麼多錢，外面接體車的行情大概是三千元啦，某醫院到任何地方都是三千。你七千塊真的太貴了！」

里長說：「身為里長，幫里民跟業者討價還價是常有的事，即使里民已經死亡了也是一樣。」

冰存過久的遺體

訪談社會局阿神的過程，是我在整個研究中，從嚴重的自我懷疑，覺得自己永遠也問不到好的答案，到「喔喔喔，我挖到寶了嗎」的轉捩點，雖然這個轉折來自於令人遺憾的故事。

阿神是一位很特別的社工，我私下歸類在「公務勇者」的分類裡，他和一般的公務員不一樣，法規教條困不住他。看到服務的個案遇到制度產生的問題，總會想方設法，找到能夠突破現況的方式。不過據他自己所說，每次他離開原本的位置，就會聽到原本單位的長官抱怨：「為什麼阿神做的時候都可以？現在就沒人做，不會做？」

他自嘲自己可能沒有做得很好，沒能在他在位置上的時候，建立一個模式或制度，但我覺得他已經做得非常棒了。至少，比我認識的公務員都敢於跳出框架和承擔。

在訪談的過程中，阿神談到十幾年前，與殯葬所去清理冰存過久的遺體的經驗。有些遺體因為「奇奇怪怪的原因」冰了十多年，一直都沒有辦法處理，在阿神找錢、警察找人和殯葬所的配合下，清掉了幾件原本根本無法結案的案子。

國營事業女員工兇殺懸案

其中一位「冰存過久的遺體」，死者是國營事業的女員工，沒結婚，她在民國八十幾年的時候疑似遭到謀殺，遺體棄屍在山區。她的哥哥是一個高中語文教師，對於案情有很強烈的執念，堅持不願在查出真兇之前，先將遺體處理。

阿神在訪談裡提到這一個案例，即使過了許多年，聽在耳中的我還是覺得很震撼：

「她因為擺明了就是被謀殺，她的頭整個是被敲碎的，遺體我看過，她哥哥很『毋甘』，死亡證明書都開好了，我們當時甚至還陪著他去找承辦的檢察官，承辦案件的檢察官，那時候已經升主任檢察官了，也很委婉地告訴死者的哥哥，其實這案子除非是有新的事證，不然很難重啟調查。然後那時候，我私底下跟記者很熟，我學弟在XX報，我就跟學弟在那邊閒聊，反正關我屁事，我學弟就讓這件新聞上全國版，我們用我們的方式在幫他，希望上全國版，可以讓大家記得十幾年前有人被謀害。但最後還是沒有重啟調查，因為沒有新事證，還是不了了之……

再隔一兩年，我慢慢就淡忘了，我那時候還跟殯儀館的人講說，『無法度啦，已經到極限了。』

因為這個案子的資料，也放了一些在殯儀館那邊，後來殯儀館的小姐某天心血來潮，打電話給死者的哥哥：『時間到了，應該來處理了吧？』

過一陣子，她哥哥就委託禮儀公司把整個事情辦完，骨灰迎去南部的家處理安葬。我於是問：『怎麼這麼神奇，妳到底跟他講了什麼？』

『沒有啊，我就跟他說冰那麼久了，該處理了。』十幾年了，冰存費用很可怕欸！」

這個案例案會成為「冰存過久的遺體」，是由於死者遭遇到的是很明顯的兇殺案件，而死者的哥哥不願意檢方先將遺體燒化，試圖將遺體保留到破案。但案件膠著，缺乏證據，多年都沒有破案，所以遺體就一直冰在冰櫃裡。在殯儀館員工偶然的詢問下，死者的哥哥才突然間放下了，決定處理遺體，把骨灰迎走，才解決了這件「冰存過久的遺體」的問題。但是遺憾的是，最後兇殺案仍舊沒有破案。

科層體制實現私正義的方法

這件案件有一點也值得關注，就是社會局阿神在這個案子裡做了一件事：找記者把案件曝光。試圖用非正規公務體系的力量，經由社會大眾的壓力，讓檢察官重啟調查。雖然後來並沒有出現新的事證，案子依然是懸案，但阿神的這個動作，透露了科層體制裡面實現私正義的方法——運用媒體的第三力量及大眾輿論壓力，去促使某個在體制內無法突破的困境，有所轉機。然而當我問阿神是否能在論文或之後的出書計畫中，揭露出他的本名，他快速堅決地搖頭拒絕了我的提議。

同樣也是從社會局阿神那裡聽到的故事，另外一件「冰存過久的遺體」是一位旅臺經商的印度人，因生病而死亡，阿神運用了他的人脈和行動力，協助處理遺體的過程。

「他是印度來臺經商，生病死掉，就被送到殯儀館——送到殯儀館，沒了。而且最妙的是，我竟然還找得到他的死亡證明，因為當時，入館還是有入館的資料，有派出所的報案記錄，因為他是在家裡生病被發現死亡的，然後還調到地檢署的死亡證明書，那時候想說怎麼辦？OK，好，那我們發文給那個『印度在臺辦事處』，我先電話聯絡，那個印度在臺辦公室的人很少，然後有一個小姐跟我對話，我就跟她講這件事情，那個小姐還不錯，願意幫忙，她說：『臺灣這邊是辦事處，最大的是處長，我會跟處長報告這件事。』

我就跟她講我的想法：『我可以發公文給你們，你們同意我們這麼做，我就會把事情處理好。』那個小姐聽完我的想法後，她覺得很好，她就跟他們處長報告，隔天她打電話給我說：『那就拜託你們幫幫忙。』

我發文去，隔一個禮拜她回文給我：『本國國民某某某，請貴單位協助處理身後事，火化完後，依印度教習俗，把他的骨灰灑到河裡或海裡。』

然後我就拿這份公文，叫上殯儀館和那時候幫他接體的禮儀公司，我說：『欸，伊共安內餒！』

對方就說：『啊，厚啊！』

你知道為什麼嗎？我們給他錢是固定的，火化完他少一個骨灰罐，就用紙盒裝了，然後旁邊那個南X溪，就給他倒下去啊，事情也做完了啊。那，有沒有任何的印度教的神明來跟我關心一下？也沒有啊。」

從阿神的描述，我們可以看出在無主遺體處理的相關單位（本案例是社會局、印度在臺辦事處和殯葬管理所），人治的成分很高，阿神以社工的角色，積極聯繫印度在臺辦事處和殯葬所，以自己的想法和方式為印度人辦了後事，但也讓人反思，如果缺少了阿神的介入，這位印度異鄉人，是否會繼續無止無盡地冰存下去？

第五部

基層公務員
也能為邊緣角色發聲

公務員是個限制點到滿的職業？

若要找一個第一名綁手綁腳的職業，推薦去考個公務員。

怎麼說呢？即使在體制內，看到一些和「一般公務員」不一樣的公務員，願意多花點時間、心力去幫民眾解決問題，有著不同的思路和做法。欣喜若狂，以為遇到了「知己」，想要進一步請對方一起幫公務員發聲，主張我們可以不用像機器人，我們也可以有更多彈性，甚至只是詢問能不能在寫書時，寫出對方的真實姓名，問題就來了……十之八九會遭到拒絕。

「我覺得你做得超棒！」

「對啊，妳知道嗎？我那時還做了什麼跟什麼（略）……」

「太精彩了！發表的時候可以把你的名字寫出來嗎？」

「絕對不行。」

「……」

「……」

即使遇到像社會局阿神這樣的「公務勇者」，在領域裡每個人都知道他的事蹟，訪談時他也願意跟我分享很多的故事，還有他看不慣的地方，但結果是一樣的，他不願意具名發表。

像我這樣的公務員的確是非常罕見，指的不是我自己說自己想要幫助更多老人，而是「實名發表意見並揭露真實的勇氣」。

當然，這個「勇氣」的背後，在公部門會被視為目無尊長、不遵守公務倫理，而遭致批評或非議，也是可想而知的事。只是我在公部門待了這麼多年，反正一不求升遷，二不求發財，我好像過得越來越自在。我在意的是可以活出自己，能對社會有一點貢獻，工作和家庭能夠平衡，為值得的人事物投入時間的喜悅。

二〇二三年我在金車文藝中心的邀請下，去分享了一場「披著公務員外皮的詩人」講座，講座中我提到了前文所寫的「不動產三億其實只有五十萬的A君」，以及阿水阿嬤的案例，說明我們是在一次又一次的試錯中，找到方法去幫助這些老人。台下觀眾的反應讓我非常感動，他們不但非常專注地聆聽和提問，到了散場時，還有許多人排隊和我互動。

其中有一位講座的參與者，事後跟我私訊，介紹她也是公務員，曾經出過兩本書，但是不敢用真名發表，她的單位主管和同事，也警告她不能隨意參加這些公開的活動，以免惹上麻煩。

我在和設計師對談「公部門美學有事嗎？」的講座中，有請到一位外掛公務員，他的職等比當時的我高很多，換過不少單位，在公務界人脈廣大，我在臉書也常看到他受邀參加各種講座或活動。我問他：「請問你參加這些活動，都有寫簽報備嗎？」外掛公務員竟然回答：「沒有。」

當時我感到很驚訝，因為我之前都有乖乖寫簽。在收到他的回答之後我查了相關的法規，發現如果是單次性的活動，規定是「得不報備機關」，哦，原來不一定要寫簽啊。後來我和人事再次針對是否要寫簽進行討論，人事的說法是「依據規定是可以不用寫簽，可是寫了比較好」，這種有點模糊的答案。

以前有個函示，是說公務員可以出書，可是不能參加出版社辦的商業活動。我第一本書因為是自費出版，好像可以忽略「出版社辦的活動」這一條，可是這次出書就是真的跟出版社有關了，編輯小歐在和我商談出版的時候，也很細心地問了我，是否要用真實姓名發表作品，還有辦活動不會有問題嗎？

運氣很好的是，在我寫書的期間，那個「公務員不得參加出版社辦的商業活動」的函示廢止了。雖然公務員依然是綁手綁腳的工作，但慢慢地好像也鬆綁了一些麻煩的限制，畢竟，我出書是為了讓這些老人家的故事被看見，同時看到體制的漏洞與鞭長莫及之處。如果第一線的公務員，都不能為這些邊緣角色發聲，不能在看到體制缺陷時，說出真相，讓缺陷有機會被修正、填補，那這讓公務員集體噤聲的結構，是不是會造成更多問題呢？

在體制裡衝撞體制

在修「質性研究」課程時，有一個單元在講「學術倫理」，授課講師，也就是我後來簽的指導教授，他在課堂說了一句令我印象深刻的話，我立刻抄下筆記：「論文你寫得再爛都沒關係，就是不能抄。一句都不能。任何一個概念、理論的引述，都要標註原始出處。」

所以無論寫論文的過程有多痛苦，邊寫邊對自己的能力有強烈的懷疑，我都抱持著「論文絕對要自己寫」的心念，我很感謝自己踏實地完成了這一篇論文。也很感謝在論文口試時，遭遇到的思辨洗禮。讓我更謙卑地認知到，研究是永無止盡的，就像口委後來在信中跟我說的：「論文完成，只是個開始。」帶著這份問題意識，我繼續前行，以這本暫時完成定稿的論文，繼續探尋在寫作論文有限的時間內，來不及得知的答案。

指導教授特別指出：「論文是妳的底氣。論文寫得愈完整、愈嚴謹，妳改寫成的那本書，力量就會愈大，能帶來的改變也就愈大。」

事實上，在我還沒完成論文，僅只是開始訪談時，改變就已經悄悄發生了。

訪談後被專業工作者反問

在我訪談完社工小文之後，有一天上班時，我接到小文的電話，她反過來問我：「想請問妳，如果有長輩想跟宗教團體簽訂生前契約，這位長輩是確定沒有在世親友的，這樣生前契約會是一種保障嗎？妳覺得可行嗎？」

接到電話的當時我有點受寵若驚。照理說，小文是獨居老人外包關懷單位的工作人員，對於這樣的情況她應該比我更了解才對，但是她卻打電話來詢問我的意見。可見在我決定做這項研究，並付諸行動之後，漸漸地，我成為了這個領域裡的資訊平台，他們或許是其中一小部分的專家、權威，而我因為做研究的關係，開始有了全貌觀，也成為串聯各個答案，掌握某種鑰匙的人物。

我跟她說：「我前陣子訪談到聯合奠祭業者，他說在實務上，因為殯儀館認領遺體和火化場的規定，如果沒有三等親出面認領，生前契約廠商是無法認領遺體的。所以有時候有生前契約，反而會造成一些問題，可以再請長輩考慮一下怎麼樣做比較好。」

當初選擇做這個題目，我的困惑是，這個議題很重要，可是為什麼沒有人研究？臺灣的研究所有一部分是現職教師在讀的，像是我選擇的臺北教育大學，前身是國北師，本來就是培育國中小學老師的搖籃。很現實的問題是，教師讀完碩士，直接原地加薪；而公務員卻只有進修補助，沒有因為碩士學歷而加薪的制度，所以我身邊的公務員朋友，除了大學畢業直接讀碩士以外，鮮少有邊工作邊讀研究所的。

可能因為這樣，我在讀碩士時，發現同學的研究多半屬於教育現場的研究，結合教師身分，研究的對象通常是學童，他們有的選擇「行動研究」的方式，或者選擇發問卷給其他的教師，以量化研究為大宗。像我這樣抱著一個沒什麼前人的腳印可以踩著走，自行披荊斬棘亂闖的研究題目，可以說是少之又少。

但是，這整個研究的過程，我感受到自己不斷變得更強大。也許就像指導教授說的，我的研究因為是先期研究，僅只是把整個有名無主獨居老人死亡的處理流程，問個明白，記下來，就已經是一種學術貢獻，因為沒有人這樣做過。

漸入佳境的訪談

在訪談初期，遭遇到鬼打牆一般的狀態，覺得這個研究完全無法進行下去，怎麼問好像都出不了我本來就理解的範圍，根本就問不到任何值得記錄的答案，沮喪得要命。隨著訪談次數的增加，我好像越來越能夠聚集宇宙之力來進行研究。怎麼說呢？越到後來，我發現自己無時無刻都不在研究的狀態中，就如同我曾經看過一本書，介紹小說家進入到寫小說的狀態，那是一種無論行、走、坐、臥、吃飯或休息，整個人都泡在濃度很高的創作之流中，是因為有個起心動念，又做了不少的功課，當這些都匯流成一股強大的牽引能量，就能感受到不管做什麼，都與這個研究有關，連做夢也會夢到研究。

順著這個勢，我陸續做了十七位人員的訪談。一開始仰賴受訪者的介紹，得以接觸到不是原本就認識的訪談者。後來漸漸建立了訪談的模式和信心，也在工作中更留意一切的訊息，接到以前會認為「這不是我的業務」的電話，會打開研究雷達，判斷這通電話有沒有繼續往下問的可能，或許電話那一頭的陌生人，就是潛在的受訪者呢？

抱著比較開放的念頭，我在接到社會局阿神的詢問電話時，忍不住「搭訕」了他。

在前述「公務勇者」的章節，我寫下了和社會局阿神相認的經過。加了 Line 之後，他馬上把他的朋友，就是他說之前承辦桃園聯合奠祭的廠商S先生推薦給我，還把我傳給他的研究知情同意書傳給朋友，真是個劍及履及的人。

訪完阿神和聯合奠祭的廠商S先生後，我的訪談進入越來越順的狀況。不分區里長陳巴樂是我認識多年的朋友，他雖然長相比較凶惡，但跟他變熟之後，發現他粗獷外表之下的細膩和一顆助人的心。對於我的訪談他事先做了功課（研讀了我的訪綱，並且在研究知情同意書事先簽好名），並談及最近鄰居問他人死之後有多久會發臭的問題，引發他的警覺和自稱雞婆的個性，靠著追根究柢的精神，意外發現了拾荒老人在家死亡的現場。

訪談完之後，他也熱力十足地把我介紹給在殯葬所工作的朋友，巴樂是「裕廣廣告」的老闆，也是一間小型工程承包商的負責人，因此有很多機會進入到殯儀館工作，幫殯儀館貼地標、做防疫隔板等，所以在他的幫忙下，我可以有機會訪談到殯葬所的東哥。

諸如此類的「人際雪球」不斷滾大，這篇論文幫我牽起了許多意想不到的關係線，甚至在論文口試通過後，都能繼續展開驚人的雪球效應。

衝撞體制不受傷的方式

在公務界當一個不願和體制輕易妥協的人，我的自我懷疑從來沒有少過。只是當我在社會課櫃檯，為了那些礙於法規不夠全面，而連下一餐都不知道在哪裡，又求助無門的阿公阿嬤，還是很容易為了他們去衝撞體制。通常聽到「衝撞體制」這四個字，聯想到的應該是以卵擊石、傷痕累累的畫面；只是經過之前在人文課時，保留磚窯廠和人口普查，和體制對抗受過的傷，我衝撞體制的等級又提高了。大概知道要怎麼在體制裡，無傷地衝撞出一條路，既不傷害我和長官、同事的關係，還能改變他們的想法和行為；另一方面又能改善老人家們的生活，看到他們臉上從晦暗無光，到稍微有點血色。親眼看到被幫助的一方出現好的改善，是非常令人振奮的，研究指出，助人這個行動會讓大腦產生腦內啡和多巴胺，對人體有許多好處。

要怎麼做到這種程度呢？「拼命翻法規」是我覺得很有用的方法。因為即使抱持著再大的善意善心，如果我做的行政處分，明顯違反了法規，那麼，不但會連累到長官，也不容易取得同事的信任。但如果我很認真地翻閱法規，在各個規則中，找到那些規定含糊，或者互相矛盾的地帶，我就能請上級機關給個解釋，或者函示，找出一條對老人家有利的路。

畢竟在社會課，一切的根源都不脫於《社會救助法》，而《社會救助法》有一個原則，就是要盡可能選擇對人民有利的方式。但若你走訪全臺灣各地方公所社會課的現場，卻會看到全然迴異於《社會救助法》立法精神的各種為難。關於這個情況，推薦壽司坦丁的 Youtube 影片《基層公務員有「病」：公家機關如何侵蝕道德能力？》，影片中分析許多基層公務員，為何會出現僵化、機械般的工作狀態，對於辦理的業務沒有熱忱，甚至像檢方辦案一樣對民眾進行「有罪推定」，阻擋民眾申請低收福利等狀態，介紹、整理得很清楚。

另一個在體制裡衝撞體制，卻不被長官視為眼中釘的方式，當然就是把自己份內的工作做好。我以前犯的錯誤就是太好高鶩遠，沒有考量到公所也只是最基層的公務機關，所有不合理的法規和措施，通常都是由上級機關訂定，由公所執行。以人口普查為例，我當時認為上級機關給予的工作條件對一線普查員很苛刻，加上那時候本身業務又異常繁重，於是除了在社群媒體上批評揭露，也選擇實質的消極抵抗，不願勤跑普查工作，造成機關的完成率落後，因此得罪了長官。到社會課後，我籤運非常好的，又抽到了工商普查擔任普查員的工作，但這次就學聰明了，運用線上填寫的機制，以及當地的人脈，最終達成了普查的目標值。與人口普查那時的抗拒、掙扎不可同日而語。

因為和長官、同事之間有信任感，所以在我表達對公務的看法時，他們也會傾向於接受並跟著調整作法，這是我調到社會課，並進行了內在的修煉之後，產生的改變。

善的循環

通過論文計畫口試後，密集進入訪談的時間點是二〇二二年下半年。這中間我的工作自然是持續中，依舊在動支三節、重陽禮金，各類老人業務人民申請案件的收件、審查或者層轉到市府的公文中度過。市府每年召開一次的「獨居老人聯繫會報」成為我驗證這項研究帶來改變的一個機會。

在二〇二三年的會議，我看到在獨居老人關懷業務的簡報中，委外單位放上了一組熟悉的照片。那是我協辦阿光跟隨說不出租屋地址的失智老人阿水阿嬤回家，幫她拍下詳細的地址，也順便拍了她租屋處一樓都是回收紙箱，以及她蹣跚地爬三層樓回到租屋處的照片。

委外單位的簡報人說：「這是某一間公所，幫助失智的阿嬤找到她的地址，這樣才能申請到社會福利津貼，又很貼心地把阿嬤的情況寫下來，並以照片佐證，讓我們的社工可以很快地掌握到狀況，這樣的協助真的很暖心。」

雖然沒有說出是哪一間公所，但在市府和各公所都在的會議場合，被公開表揚我和協辦比一般制式、冷硬的資料輸入，更人性化的通報業務，我忍不住覺得很開心。

回到公所和協辦們分享這件事，感覺他們對民眾的態度更積極正向了。很感激這些善的循環，投入在我的工作轉軸之中，以前有時會覺得上班很累，常常想放假，可是現在反而天天期待上班的日子，好奇還會遇到誰，希望能夠以自己的專業和熱情，點亮整個社會都看不到的陰暗角落。

榮服處的案例

榮服處的訪談是同事小玫讀了我的論文之後，激動地幫我牽了線來約訪的結果。為什麼說激動哩？因為她就真的比平常激動，很難想像一篇論文可以產生這麼大的效果，平常看小玫都比較偏淡定冷靜，卻因為幫我聯繫到之前認為幾乎不可能約到的訪談對象，在我午休結束匆匆趕回公所時，大老遠從座位奔跑過來，牽住我的手，用微微顫抖的聲音說：「我先生的表弟就是在榮服處工作，他好像可以接受訪談！」

我常驚異於無論是出書，抑或分享論文，帶來的巨大能量流動。這篇論文一開始我根本就是鬼打牆的狀態，覺得自己永遠問不出答案，把一個好題目做爛了，因而沮喪莫名。但隨著堅持去做訪談，經由訪談對象俗稱「滾雪球」一個拉一個的介紹，加上開啟了「研究」雷達，就會進入到不管遇到什麼事，遇到什麼人，都能連結到問題意識，可能這個題目大家也都普遍有興趣，所以除了初期算是練等以外，之後的訪談都能挖到很多寶貴的資料，內容完全超乎我的想像。

之所以會抱著先入為主的觀念，認為我永遠也無法訪談榮民服務處，我承認是我的眼界太狹隘。在我的論文中，關於榮服處的說法總是很負面，有受訪者說以前榮服處都亂搞亂弄；也有受訪者說，榮服處的人來點交遺產，面對欠繳的租金如何處理的提問，置之不理；在〈涉訟榮民遺囑的特徵與法律問題〉及〈單身亡故榮民遺產之界定及性質〉研究中，也點出了榮民服務處過去在點交榮民遺產時的弊病。所以我已在大腦中自我設限，不太敢跨出那一步去探問，是否有榮民服務處的人願意接受我的訪談。

小玫牽起的這條線，讓我再次打破了自我設定的界線，讓我體悟到世界有多麼寬廣，還是要抱持著更開放的想法，才會有所突破。

我這天約訪的地點是榮民服務處。原本小玫介紹先生的表弟給我認識，後來那位表弟又轉介了平時工作就在處理單身亡故榮民的專員顧先生，我一聽到對方的工作職掌，眼睛整個亮了起來，不惜請假也要趕快去完成訪談。

大多數人論文寫完後，應該就不再會去做任何訪談了。但因為要將論文改寫成書的關係，我牢牢記著口試答辯時，口委提醒我的話：「這篇論文作為一個研究，比較嚴謹的做法，是要找到榮服處去訪談，這樣才能去證明妳前面提到的榮服處點交遺產時，發生的那些問題是存在？還是有其他的說法？」

約訪的過程也很順利，顧先生請我上班日過去找他，他就在一樓辦公，到的時候再跟他說一聲就好了。

榮服處不可能會有獨居老榮民死去多日才被發現的狀況

榮服處位在一個林木蓊鬱的獨立空間，有許多洽公停車位。辦公廳舍一樓的感覺和我們公所很像，是開放式的空間，看過去整個一覽無遺。

門口的志工不在，我走進櫃檯跟一位先生說我來找顧先生，櫃檯的先生很客氣地帶我橫跨許多櫃檯，示意我可以坐在民眾洽公區的桌椅沙發那邊等待。

顧先生很快就走過來，抱著一個看起來年代悠久的卷宗，我把小小的伴手禮奉上，這是臨時在路上買的，昨天竟然只記得寫下額外要問的問題，忘了先準備伴手禮，導致今天時間很緊，真是太不專業了。

顧先生表示他有先讀過我的論文，覺得蠻有意思的，但他認為我論文中提到榮服處的時候，充滿了刻板印象。這可能是他快速答應我的約訪的原因。對於能夠聽到來自榮服處內部的聲音，我更是和小玫當初和我說這個好消息時一樣地興奮激動。

這趟訪談果真不虛此行，經由訪談，我才了解原來被納進榮民體系的獨居老榮民，比起一般身分的獨居老人，確實是幸福許多，怎麼說呢？當我問起顧先生，如果有榮民死去多日才被發現，他們會怎麼處理？

「我們不可能啦！」

「不可能？」

「妳知道為什麼嗎？我們規定『特需』是三天一訪，因為以前很多啦，那些社區組長做得很辛苦，現在都凋零很多了，那我們又可以去調整他的照顧類別，比方說榮民伯伯原本是自己住家裡，我們勸進他去住榮家，或是他如果比較有經濟能力的，去住安養中心，我們就會把他降一等，變成『較需』，可是『較需』我們也需要十四天一訪，至少要打個電話。」

榮民服務處把榮民分成三類：

一、一般：身體健康，全家和樂，只需要一兩年訪一次。

二、較需：顧名思義，是比較有需求的榮民，可能身體有些狀況，但尚能自理。這種榮民的訪視頻率是十四天一次，由社區組長負責訪視。

三、特需：這類的榮民身體狀況影響到生活，有行動不便、病痛等問題，訪視頻率為三天一次。

我聽到榮民「較需」與「特需」的訪視頻率，只能咋舌不已，因為根據我工作三年的社會課「獨居老人通報業務」，在獨老關懷系統中觀察到的現象，一位獨居老人，不管身體狀況如何，一年能獲得一次面訪，就已經很不錯了。因為制度的問題，平均一位社工要關懷三百多位老人，一位老人到底能分到多少時間？

當然，在系統中我也能看到某些特例，當社工訪視發現獨居老人有自殺行為或身體狀況真的太差時，會有比較密集的單位網絡聯繫和記錄，可是因為人力配置的關係，面對不斷新增的案量，關懷獨老的社工光是新個案的開案評估，就已經忙不過來，更何況是針對有陳年問題的獨老，給予需要的協助？平均一個社工身上要掛三百件獨居老人的關懷量能，每一件獨居老人個案的形成，又通常伴隨著家庭功能的徹底失靈、經濟危機、健康喪失，甚至很大比例的患有重聽、眼疾、行動不便。每位獨居老人能分到的關懷量能，自然是不成比例的少，我覺得這種狀況很令人擔憂，因為一般人只會知道獨居老人關懷的業務權屬在社會局，也許有人知道社會局有外包給社福團體進行關懷，但應該鮮少有人知道獨居老人關懷的人力嚴重不足，跟獨居老榮民被關懷的程度，簡直是有天壤之別。

關於榮民遺產點交的醜聞有可能是真的

被問到榮服處過去那些關於遺產點交的醜聞，願先生也不諱言傳言可能是真的，至少在他到輔導會榮服處工作的時候，聽到還算正派、即將退休的老前輩分享了許多傳聞，他說因為這位老前輩「不卡、不拿、不吃、不喝」，所以可以安全退休、身體硬朗，老前輩這麼說：「那過去齁，真的有人就是先翻箱倒櫃，把榮民的那些小黃金，抄家一樣的就地分了。」

願先生說，榮民以前喜歡打那種小黃金，因為他們以前逃難逃習慣了，只要打仗，這麼大條的黃金抱不動。打小黃金，上面穿一個洞，繩子一串，綁在腰上，啪啪啪就可以逃難了。打成小金條、小金塊，四處藏，藏在一些暗櫃和柱子裡，去點財產的時候只要到處摸一摸，發現空空的，一拉，裡面就有個空格子裡放滿黃金。

之前他們有社區輔導員因為撿到三百萬而上新聞。這位輔導員遺物清點完再回去，他想幫榮民伯伯完成遺願：把其軍袍送給榮家以前的同袍。點完遺產回頭去拿軍袍，一回頭怎麼摸一摸，三百萬的現金，一整包，遺產點交當時那一組人都鬼遮眼，都沒看到。

以前的榮民中心，樓上就是政黨的辦公空間，直接黨庫通國庫，榮民伯伯們的財產彷彿也是直接通國庫。以前沒什麼制度，一個村委會，就可以開會討論怎麼瓜分榮民的遺產，會議記錄寫著「某某某於榮民生前照顧他，財產全數贈與給某某某」，股票和不動產比較難動，如果是現金、黃金、首飾、古玩等，就很好分了，所以通常都是翻箱倒櫃，搜一搜、弄一弄，再報警叫警察來。

專門代理老榮民處理遺產的專業代理人

這樣真的不會出事嗎？顧先生認為，還真的會出事。也不是他相信鬼神還是什麼宗教信仰，而是通常心術不正的人，在榮服處受到誘惑，做了不該做的事，拿了不該拿的錢，很難全身而退。

像是他來接這個位置之前的公務員，就因為和「專業代理人」通了消息，也就是榮民伯伯一死，榮服處的人才到家中要清點遺產，就接到「+86」（中國大陸地區的電話代碼）的電話，電話那頭的人跟點交的人說：「我知道你是誰，我知道屋裡有什麼東西，你那些東西都不准給我動。」

殊不知這次就被檢舉，調查局和廉政署的黑頭車開了三台過來，走進來穿著中山裝的男子、兩三個穿白衣西裝褲的人，一陣風般地把人控制住，就帶去「喝咖啡」了。那次辦了一個專員，一個八職等的輔導員，一個九職等的專員，有一個還是貪污罪判刑，收賄頂多幾萬塊，判了四、五年。

說到「專業代理人」，我也是聽願先生說才理解，原來因為單身亡故的榮民伯伯，通常親人都遠在中國大陸，由於繼承法規的關係，有很多文件要跑，中國的親屬不太可能為了一個小文件就飛來臺灣，所以就誕生了「代理人」這樣的職業。

代理人的抽成非常高，平均來說是百分之二十到三十不等，依據《臺灣地區與大陸地區人民關係條例》第六十七條，中國的親屬只能繼承最高新臺幣兩百萬元的財產，不能繼承不動產。而且向法院聲明繼承事宜，要在榮民死亡後的三年內為之。願先生說，如果有三個繼承人，一個人最高兩百萬，就會有六百萬元，那代理人可以抽多少佣金呢？一百二十萬，要做的事情就是幫忙送送文件，跑跑腿，這樣就可以有高額的佣金入袋，難怪會有人要搶著當「專業代理人」。

榮民死亡後的遺產處理，榮服處分為三個階段，第一階段是剛死亡時的殯葬服務，從接體開始，一直到小靈堂，整個公祭、火化、晉塔。

第二階段叫遺產管理，一階辦完之後會整理成善後案卷，移給二階。第二階段就是遺產的申報、公示催告，然後跟國稅局做財產的清查，會做一個基本的遺產的帳務。在輔導會叫做「三〇八專戶」。會把所有的東西納管。不動產的承辦人會把榮民生前遺留的房子、土地，變更移轉管理人，在所有權狀加註遺產管理人。

第三階段就是進入到所謂的審查階段，善後遺產的交付。第三階段的工作包含找到中國大陸的繼承人，做親屬關係的認定（需要經過海基會、海協會認證），餘款的分配，有時中國大陸的繼承人死亡，還會有再轉繼承人，這些統稱「受遺贈人」。要交付的遺產包含現金、黃金、股票、古玩、紀念幣等，如果有不動產，還需要變賣成現金，以符合法規「中國大陸繼承人僅能繼承現金」的規定。

老榮民預立遺囑常見的麻煩

有的榮民會預立遺囑，只是在實務上常遇到立了遺囑反而會很麻煩的情況。

顧先生請我想一下：「『全權管理』、『全權處理』、『全數贈與』這些都是『全』開頭的詞句，常用在遺囑裡，但意思是一樣的嗎？」

「欸，全部都不一樣耶。」我說。

「對不對？還真的都不一樣。」

所以榮服處他們在處理第三階段的時候，也就是發現繼承事實（榮民死亡）後滿三年，要進行財產交付的階段，會遇到很多訴訟、調解、陳情、抗議。顧先生說他們現在都傾向找法律背景的助理，以便應付隨時會發起的訴訟挑戰。一年開庭最高峰的時候，多達四十次開庭。

顧先生也說，榮民的服務是「一條龍式的服務」，從生前的照顧、關懷，就醫有補助，就養有補助，助聽器、醫療輔具都有補助，都公費的，然後去看醫生也有折扣。一直到死後的殯葬、火化、晉塔，乃至於財產的點交，交付給繼承人，都是輔導會全權處理。不像社會局分工這麼細、這麼散。對於單身亡故榮民，輔導會是用開口合約的方式來處理，一位榮民伯伯的身後事，大約是用三萬七千元去處理，要求廠商辦到好。

除了上述的事務，顧先生也提到，「起掘」和「遷葬」也是屬於他們的業務範圍。起掘基本上和電影《盜墓筆記》演得很像，顧先生和另一名有在修習特殊技能的同事，兩人一組，拿著《疑龍經》和《撼龍經》，還有南晉的郭璞寫的《葬經》作為藍本，依據情報（通常是某人出現請求支援：「我爸說他的老戰友，多年前好像葬在某某某地方，可以請你們去幫忙找嗎？」）大約的地點，到附近查看山的走勢，光照的位置，再看有沒有水源，然後在芒草叢生的地裡瘋狂地除草，然後就，叮咚！找到了！

我聽了嘖嘖稱奇，顧先生則謙虛地說，這沒有什麼大不了的，因為只要去判斷，當初土葬的人，一定也會找師傅來看風水，就能夠依據相關的規則，去推出墳墓的位置，找到之後，當然就是拍照，然後找廠商去起掘，然後看要怎麼遷葬。

很感謝顧先生願意受訪，我發現訪談到榮服處，真的補足了我論文不夠完整的缺陷，就和口委說的一樣。研究能一直做下去，也是一種幸福。

「我們去取令箭！」護理之家探訪阿水阿嬤

讀到這裡的朋友們，不知道會不會跟我們一樣關心，前文提過那位曾經當過小主管，薪水不錯，但老年罹患失智症，導致差點被房東趕出門，快要流落街頭的阿水阿嬤？

我跟協辦自從知道阿水阿嬤被兒子送進附近的護理之家，就常常在猜測她的狀況，擔心她過得不好、不開心。為什麼如此關心呢？一來人非草木，對於曾經付出許多努力來幫阿嬤爭取到社福津貼，並與阿嬤有許多互動的我們，阿嬤就像我們的一個老朋友，沒辦法不去想她。另一方面，我們在協助個案的過程，也想藉由關注老人家的服務滿意度，做出往後個案處置的參考依據。

在獨老系統中斷鏈的安置個案

在獨居老人關懷系統中，通常遇到安置個案，線索就斷掉了，我們無法再用系統去追蹤狀況。我向當初訪談過的社工小雨打聽我和協辦都很想念的阿水阿嬤，小雨後來在家服中心擔任主管職。我提到阿水阿嬤有失智的狀況，後來兒子把她送去機構，想了解社工是否會繼續關心呢？

小雨說，機構安置的個案也不是說完全沒有繼續追蹤的機制。但是社工會評估狀況，以目前阿嬤的狀況來說，有兒子、孫女等提供聯繫和相關的支持，所以社工通常會以結案的方式辦理，但如果有特殊的需求，他們是會再開案的。

針對我問的另外一個問題：阿嬤是失智症，卻被安排到護理之家，是否T市沒有足夠可提供失智症協助的機構呢？小雨表示，T市的確是沒有失智症專屬的機構，或者說沒有簽約，護理之家也不是只有插管的病患才能入住，他們會針對個案的患病程度去做調整。

我很感謝小雨認真的回答，也了解家服中心其實都有專業度，願意提供各項協助，只是人力真的太缺乏，所以能夠放在每一個個案的資源十分有限。

我後來也在書中讀到，其實照顧失智症患者，是非常費心的工作，失智症或許外表看來行動如常，卻容易伴隨著語言暴力、肢體攻擊、妄想、譫妄、遊走等症狀，曾經有照護團隊，在照顧在家臨終的失智症患者時，必須從外把大門鎖起來，以免患者出外遊走被車撞死。

熱血協辦促成了護理之家探望之行

在協辦阿光的面前，有時候我會意識到自己熱心不足或膽小的部分。雖然跟許多社會行政的同事相比，我已經算是熱心過了頭的承辦，可是每次看到阿光在櫃檯對老人發自內心的關懷，從盡心招呼、扶持走路、用對方聽得懂的語言耐心講解，甚至下班後還自發性地去送物資、關懷個案，我都覺得有點慚愧。對於阿水阿嬤的事，也是在阿光的頻頻詢問下，我才決定在取得主管的口頭同意後，打電話去護理之家，聯繫要去看望阿水阿嬤。

這天是海葵颱風登陸臺東的隔天，海葵颱風身為睽違一千四百多天後第一個登陸臺灣的颱風，受到臺灣各地普遍的關注。我所在的城市風勢不算太大，有下一點雨，斷斷續續的。

我和協辦阿光依約在十點前到達位在公所不遠處的護理之家，這間護理之家就位在距離我家非常近的地方，隔一座圍牆就到了，但我從未進去過。即使住在隔壁，平常也很少看到機構的住民出來，今天終於要揭開它神祕的面紗了。

門口有門禁，按鈴之後，身穿深粉紅色護理袍的櫃檯服務人員請我們等一下，填寫門口的訪客登記簿，除了姓名和電話外，後面的欄位是關於出國史、接觸史，有無感冒症狀等。

進門之後，是一個寬敞明亮的空間，一樓大廳有些插管的老人家在活動，整間聞起來滿滿的消毒水味，但是環境很乾淨。

協辦阿光說：「這裡比起我去過的很多機構，都乾淨很多，環境算很不錯。」

阿光的父親先前失智，又必須要洗腎，阿光在父親晚年成為主要照顧者，經歷過幫父親尋找長照機構的過程，因此看過許多間長照或日照機構。

櫃檯人員幫我們叫了電梯，示意我們搭到二樓，跟護理師說明我們要來訪視誰，請我們自行上樓。

電梯搭到二樓，映入眼簾的還是一個很類似醫院的護理站，裡面有一個也很類似醫院的病房，裡面躺著一些看似長期臥床，需要專人照顧的老人。不過我們要找的阿水阿

* 上野千鶴子，《一個人的臨終》（臺北：時報文化，二〇一七），頁一九二–一九三。

嬤沒有待在病房裡，她跟其他一些相對健康的老人家，一起坐在二樓大廳的空間。

我們發現她坐在輪椅上，難怪上次阿光打電話問時，護理之家的人會說她坐輪椅，我們當時想說，她原本還會走路，雖然走得很慢，一拐一拐的，但是怎麼住進護理之家，就變成不會走路，要坐輪椅了呢？親眼看見之後，發現她雖然坐在輪椅上，但是手上抱著一個粉紅色的拐杖，原來她因為膝蓋不好，所以大多坐在輪椅上休息，但當她想站起來走路的時候，還是可以拿著拐杖走一走。

看到本人，終於除去過去的猜疑和擔心

阿嬤看到我跟阿光去看她，笑得合不攏嘴，氣色比上次見面時看起來好很多。我們把帶來的小餅乾送給她，我也不知道老人家能吃什麼，買了酵素餅乾、紅麴薄片，加上肉鬆蛋捲。阿光糗她，說上次打電話來問能不能來看她，她說不認識阿光。阿水阿嬤笑得很開心，卻也不否認，說她忘記阿光姓什麼了，但看到了人還是認識的。

談話的過程，阿光一直說笑話緩和氣氛，也試著拉近其他比較健康的老人的關係，但因為他都用臺語，我聽得很吃力，就沒怎麼插嘴。阿水阿嬤隔壁的阿嬤是從其他行政

區來的，她的記憶就比阿水阿嬤清晰。阿水阿嬤說話還是反反覆覆，而且失智的情況似乎越來越嚴重，這次說她還有三甲還是五甲的地，可惡的「死小孩」（指她的小兒子）要把她的地賣掉。

我翻著手上阿嬤的資料，她的名下並沒有不動產，何來的三甲、五甲地呢？隔壁的阿嬤說，阿水阿嬤跟她說那塊地是弟弟的名字，早就安慰阿水阿嬤，她兒子沒有權限賣掉那塊地。但隔壁的阿嬤不知道阿水阿嬤所說的那塊地，是本來就不存在，還是早就被賣掉了。阿水阿嬤的記憶常常停留在非常久遠的時光。

被問到為什麼會住在護理之家？阿水阿嬤也搞不清楚自己為什麼會住進來，她一度以為自己是來上班的，她指著那個打掃的「老闆」（她指的人實際上是機構的清潔工作人員，清潔人員後來否認她所說的話），低聲說「老闆」認識她已故的先生，對她很好，靠關係才住進來這裡。

阿光糗她說：「妳每天閒閒坐在這裡，時間到就有東西吃，每天看電視，有這樣的工作喔？那我也要來做。」阿水阿嬤又不好意思地笑了。

總之我們之前很擔心她因為我們的「幫忙」，從一個本來自由的個體，變成困在機構裡的老人，坐困愁城，哪裡都不能去，看來是過度擔心了。經過這次的訪視，以她失智更為嚴重的情況，在機構的生活也還算愜意。不用擔心被房東趕出去，不用擔心下一餐在哪裡，有人可以聊天、看電視，據清潔人員說，也常會有慶生會和一些活動。而根據阿水阿嬤她自己表示，想要出去也是可以（但似乎規定是要家人申請才能出去），至少在她自己認知失調的想像之下，她是自由的，也受到不錯的照顧，不像以前一樣要去警察局領回走丟的她。

我從猶豫能不能去看望她，到真正付出行動，要感謝的還是阿光，他總讓我突破自我想像的限制，他總是比我更有勇氣去探問，只是我比他更知道在體制裡要怎麼不被質疑，要怎麼避免「拿雞毛當令箭」，並設法從體制裡去取真正的「令箭」來用。

大家都是「人」，不要放棄溝通

寫到這裡的時候，我腦中泛起了這一句古語：「德不孤，必有鄰。」幫大家順手查了一下，這句話是孔子說的，它的意思是：「有德之人能自我反省，不斷積善累德，在世上絕對不會孤單的，必定有志同道合的人前來親近，相互切磋琢磨，比鄰而居。」*

我在寫碩士論文和這本書的時候，累積了愈來愈多的人脈相助，藉由書寫和訪談，讓這些幫助過我的人，了解到我是一個怎樣的作者或研究者，我在自己的工作崗位又是怎樣的想法和作為，這些累積而來的能量十分強大。

當然，原本就相信我、支持我的人，在過程中也陪著我經歷各種哭笑悲喜，陪著我完成論文和書，由是感激。

* 〈論語加油站－德必有鄰〉，弘明實驗高級中學，http://www.holdmean.org.tw/index.php/home/home-samples-2/honor-2/104-announcement-13/733-2021-06-10-10-59-57.html。檢索時間：二〇二四年二月十二日。

不管是流星雨還是靈骨塔都陪我去看的人生伴侶R

儘管我在第一本書裡，對時常不在身邊的人生伴侶R，有諸多的抱怨。他從廣東調回臺灣後，我們依然保持遠距家庭的特性——他平日在高雄上班和生活，每個週末北上回家，週末結束南下回到工作崗位，週復一週。

R是不是最了解我的人我不知道，我只知道，R是世界上最支持我的人。我常跟他分享我在社會課現場，遇到的人事物，跟他說這些老人遇到的什麼難題，我能幫上忙有哪些，R都會認真傾聽。有時遇到連我都解不開的結，心裡很在意，悶到罵體制或法規訂定不全，或公務員心態令人生氣，R總是說：「能幫得上忙就盡量幫吧！妳可以再想想還有沒有什麼方法，辦法是找出來的。」

我往往在跟他發過牢騷之後，腦中繼續盤旋著這些事，之後偶然有一天，來個靈機一動恍然大悟：結好像其實可以解開耶！經由打幾通電話，或跟長官溝通，或再轉個彎，原本以為的死局突然又活過來了，這讓我體認到，一切的限制，都是自己給的。

我和R從大一就開始交往。大學時代他就帶我上阿里山追獅子座流星雨，大二下文字學期末考，陪我去合歡山追雪。似乎不管我提了什麼瘋狂的念頭，他都不會拒絕，好像也蠻樂在其中的。例如我叫他帶我和小孩去「善願愛心協會行善體驗營」，他二話不說就帶著我們去了；我在寫這本書卡關時，有一天叫他帶我去T市的某生命紀念園區，他也願意陪我同行。

因為我的第一個案例「倒臥在國宅客廳獨自死亡的高阿姨」，我原本記錯了她後來在朋友的幫助下存放骨灰罈的地點，所以查不到她的骨灰到底在哪裡的資訊。記憶真的是很不可靠的東西，於是我後來養成一個習慣，就是在遇到比較特殊的人事物的當天或隔天，就會用簡單的記事本軟體，寫下我認為應該記錄的資訊。總之，我在釐清原來我記錯高阿姨的骨灰埋葬地點，暗罵自己是笨蛋之後，終於順利查到了高阿姨的骨灰正確存放地點。我沒有勇氣再打電話給田阿姨和田嘉嘉，因為當初太害怕要去點交獨居老人的遺產，案件處理得不好，但既然查到了高阿姨最後的去處，我就拉著R，請他陪我去祭拜這一切的起因——高阿姨。

喔，對了，高阿姨其實還是個化名，我也沒有勇氣把她的真實姓名寫下來，我很感激高阿姨在國宅內獨自死亡多日這件事情，對我產生的刺激，促使論文的誕生，並催生了這一本書。希望高阿姨在天之靈安息。

那天R陪我去了生命紀念園區，我們繞過看起來非常詭異的拆遷戶區，不知道那些房舍為什都是空的，噴上了不明所以的英文加上數字。在市集買了一箱「慢文芒果」，和一些紙錢。在戶外有祭拜區，把水果放妥，香爐設好後，我們進入了生命紀念館，循線索找到了高阿姨的骨灰罈，看到她的名字和照片。我深深表達感謝，謝謝高阿姨引領這一切的發生，無論她有意還是無意，都為無死後繼承人的獨居老人的死亡促成了更深、更寬廣的討論。

輔導員惠文和可愛的協辦們

當初被調到社會課，我最擔心的是和協辦處不來的問題。

那時請教了在社會課待過，或現在進行式的同事，有的同事覺得這的確是一門學問，需要好好學習；我的最初輔導員惠文則說：「夏芊一定可以的，這完全難不倒妳。」

惠文是我十六年前到公所報到時，文化發展課的前輩。公務員到機關初任報到時，有設置「實務訓練輔導員」的制度，負責教導行政實務經驗，也有個小小的考評機制，惠文當初就是我的業務輔導員，教了我很多事。惠文對我的心理素質一直很有信心，後來雖然各自有各自的際遇，不在同一個課室，但我們常會交換許多業務上和生活上的想法。

「真的嗎？可是我沒有和協辦相處過的經驗……」對於惠文的肯定，我個人則是抱持著自我懷疑。畢竟那時候被調去社會課，很突然又非本身意願，內心充滿了糾結。

到社會課報到之後，我發現惠文說對了，和協辦相處對我來說並不是太難的事。所謂的主辦、協辦，有點類似從屬關係，只是所謂的「主辦」並沒有主管加給，在我看來所有的業務都應該視為主辦的業務，協辦是來幫助主辦的，不應該有職務上的高低之分。

有的主辦可能會很想強調自己的「地位」或「權勢」大過協辦，希望協辦聽命於自己；可是這樣往往會造成協辦心理不平衡，產生反彈。

有的協辦比主辦資深，能力也很好，但是因為社會課的協辦都不是參加公務人員考試進用，而是以臨時人員、助理人員、雇工或以工代賑人員進來公所上班，所以能力再好，都無法晉升成「主辦」。

了解這層關係之後，和協辦相處的原則就是，劃分好各自的業務範圍，以我們老人櫃檯為例，協辦負責老人福利和老人社會救助案件的接案、收件、初步審查、聯繫補件、寄發通知單這些比較例行性的業務；我則是負責公文處理、疑難雜症處理、動支撥款作業、其他非例行性的業務。

對協辦來說，遇到他們處理不了的問題，我就會出馬，對內絕不會推諉塞責（對外則是盡量不亂接業務，還是要守好自己業務的那片領土，否則亂接業務會害到協辦，引起他們的不滿）；他們一旦犯錯，我也不會怪罪，而是會視為「我們共同的錯誤」，我認為協辦只是幫我完成我該做的事，他們出錯，表示有些環節沒有設計好，怪他們有什麼用呢？

對於他們的好，和他們超出工作範圍幫我的忙，我不會吝於鼓勵和物質上的回報，有他們可以去上的課程，我也會優先叫他們去上課，我自己顧櫃檯；他們要休假、放假，一律同意並提供櫃檯人力支援；沒事絕對不會要求協辦加班，因為我自己也不想加班。這樣久了之後，我和協辦自然有一種良好的默契和團隊感，我陰錯陽差地被派去社會課，偶然學到了未來帶領團隊的方法，自己也覺得意外。

小協辦波咖是細膩、個性體貼的小女生，她比我早進來這個領域，所以我到現在，還會感覺有些行政流程交給她，比交給我自己還放心。協辦阿光我在本書裡提到過很多次了，他是一個非常熱心的人，有時候會提醒我可以做得更多、更勇敢一點。像是之前遇到戶籍掛在戶政事務所，無法申請中低收老人的無家者阿舟，後來在公所旁邊的公園住了好一陣子，阿光每天一早提早到公所上班，總是會去巡一巡旁邊的廣場、涼亭，看看他有沒有在。

之後某天，阿光跟我說，他幫阿舟問到了一個租屋的地方，好像房租條件還可以接受，後來順利幫阿舟申請到中低收老人的資格，阿光沒事也會去他的租屋處看看、繞繞，關心他身體狀況和居住的情形，並通知他哪裡有物資可以領。

在阿舟租的房子一年租約到期時，協辦阿光甚至繼續幫他尋找房子，但阿舟的年齡、身體狀況、獨居等因素，都讓件事幾乎成為不可能的任務。這段幫忙找租屋的過程，讓我們充分體會到高齡租屋的困難，不過這是另外一個議題了，容我往後再分享。

為了研究，治好了我的長官恐懼症

我小時候除了很自閉，偏愛靜靜躲在角落看書，還很怕遇到一種生物，叫做長輩。以前常跟媽媽回永和外公外婆家。我媽姓林，她們林氏一族在永和忠孝街、文化路一帶有很多的親戚朋友，所以我總是被要求要叫看起來很陌生的人「舅舅、舅公、姨嬤」之類的，忍受著他們摸著我的頭說：「好漂亮、好乖。」

從小看著林氏家族開著一場一場的宴席，召集眾多的親朋好友飲宴聚會。爸爸在宴席裡總是被灌酒，看著不會喝酒的他，不知道為什麼要逞強自己灌下一杯一杯的酒。長大才懂，出身客家村落，成為閩南女婿的爸爸，又選了做生意這條路，在那種場合配合大家喝酒，就是滿足所謂的「敬酒文化」吧。可是從小看太多因為喝酒而失態的親戚們，看到爸爸喝醉了總是不舒服的樣子，次數實在太頻繁了，讓後來步入青春期且生性害羞的我，產生了很多內在陰影。

長大之後，我害怕遇到和「長輩」很類似的角色：長官。身體邊界需要很大的空間的我，在遇到長官時，會忍不住想退縮，不知道要跟他們說什麼，被問問題時腦袋呈現一片空白。尤其遇到比較有要求的長官，會不敢表達自己的意見，只想要逃跑。

這樣的我，即使工作能力很好，長官也不敢器重吧。何況我以前在文化課、人文課的時候，對於要怎麼成為一個讓人信賴的員工，並沒有太多的認知，也沒有覺得這是有必要的，所以長官緣可以說是奇差無比。

可是遇到論文必須要訪談，我總不能因為對方是職等高於我的公務員，就害怕迴避吧?也不能因為我害怕「長官」，就捨棄這麼好的訪談機會。所以寫論文的過程，竟然有一種特別的效果，就是我的「長官恐懼症」慢慢減低了。

當我帶著訪綱，去訪談了擁有獨居老人死亡處理經驗，比我高階的公務員，只要我的專注力放在訪談的內容上面，而非我自己的表現，神奇的事情發生了——對方會侃侃而談，而且我也經由聯繫、進行訪談的經驗，了解到為什麼他能夠坐上這個位置。也許他是個做事明快、不拖泥帶水的人，也許他對於困難的事情，特別有自己的想法和解決之道，在側面、近距離的觀察之後，我開始比較不害怕接觸「長官」這種生物了。

可能終於發現他們也是「人」了，而不是以前我幻想的那種，為了升官而放棄一切原則的生物，可能我自己也有歲數了，身邊也有比較多以前親近的親人、朋友、同事，開始擔任我以前避之唯恐不及的「長官」位置，改變了我的看法吧。

論文完成之後的出書計畫，讓我在「治好長官恐懼症」這條路上，有更多的突破空間，怎麼說呢?因為帶著紙本論文，去找訪談者，並告知不久的將來有出版計畫，這件事本身就讓人難以拒絕。

第一個顯著的突破是我在撰寫性平獎項時，去訪談了當時的王區長，原本我很害怕和她說話，但因為要寫故事，所以必須展開訪談。訪談的內容是關於她任用女性司機的溫暖事蹟。那一場談話很簡短，但是我發現我已經可以跟過去畏懼的長官，像朋友一樣聊天了。對我本人來說，還真是難能的突破。

突破這層限制之後，公務生涯也出現了新的契機，接任的張區長，是我們的前同事，也是多年的臉友。每次見面他都不忘提點和鼓勵我，當然與此相伴的是更多的責任和挑戰，可我已經不是當年的我了。

在張區長的協助與鼓勵下，我把縈繞在腦中很久的「高齡租屋」問題，撰寫成了「友善房東，銀髮安租」計畫，不但提報到市府會議，受到市府長官的肯定和關注，也拿到了公務人生裡第一個獎——創新提案獎。對外開了線上直播和實體同步的說明會，雖然計畫在執行方面困難重重，要從既有「租屋黑市」的現實中，為老人們的租屋難題殺出一條血路，無疑是公務界中的傻子，但我不後悔提了這個案子。

畢竟，在社會課，最難過的，就是見到因為年齡、身障或生理上的缺陷，而被房東拒絕租屋，又因此拿不到補助的資格，最後只能流浪街頭的人們。即使有一絲絲機會可以提高他們找到安身之處的可能，我都覺得值得去嘗試……

這樣的心念，也許感動了張區長，謝謝他對這個案子的支持，督促我磨練業務上的技能，讓計畫成形，有向上提案的可能。也因此串連了許多公務界溫暖的力量，這是我想都想不到的。

第六部

如果孤獨死是你我的未來

誰說孤獨死一定是壞事

隨著研究的進行，從社會學理論中找到支持當初對死亡感到恐懼的原因，也從訪談中發現不僅是我，只要是流程圖上的角色，對這項業務無不感到恐懼。只是，難道對孤獨死或有名無主的死亡，只有「害怕」一種反應嗎？這一層害怕，以我所做的研究訪談記錄，可看出是屬於「流程圖上的角色」的害怕。

科層體制內的公務員，因為權責不清、缺乏專業訓練，加上集體意識裡對陌生人死亡的不安，加深了對這項業務的恐懼。由於我們無法去訪問已經死亡的個案，無從得知他們對於孤獨死的感受，不知道在臨終前，他們是否感到害怕？現代化的死亡呈現與現實隔離的現象，在生命政治的作用下，人們習慣將死亡交付給現代醫療，然而，醫療陪伴下的死亡是理想的死亡嗎？

在社工小文的訪談中，提到了一個觀點：「長輩死在家裡，一定就是難堪的現象嗎？大家會有個刻板的印象，就是孤獨死是死了有味道，或是長蛆了，才被發現，難道都沒有比較正向的印象嗎？」

日本的孤獨死發展時程領先於世界，因此相關的討論也更為豐富。日本作家松原惇子在《長壽地獄》一書中，就提出了和一般認為「孤獨死是極其可怕的」全然相反的觀點。她在〈孤獨死是「理想的善終」〉這個章節，提到有次請遺物整理士，去和會員分享整理孤獨死現場的發現時，大家談到孤獨死的遺體，都忍不住感到害怕，尤其想像在酷熱的夏天，遺體發出的惡臭、腐爛和蛆蟲，都讓在場的會員感到孤獨死真的是令人害怕的事。

但是作者松原惇子卻這麼說：「那些獨居的人，就算死了，身旁也沒有為他們難過哭泣的家人，也不用去張羅那些虛假的場面。如果身體長了蛆蟲，反正生前也付了那麼多的稅金給國家，這時就交給國家的行政體制去替他清除不就好了嗎？」

讀到這一段的時候，我突然想到雲秋阿姨有說過類似的話：「幾個鄰居都說，怕什麼？死了給公所收。」（那天我聽到雲秋阿姨這樣講，感到很意外，懷疑是自己臺語不好，所以聽錯了，事後請協辦阿光去跟阿姨驗證，結果雲秋阿姨說：「有嗎？我已經忘記我有這樣講了。」）有點可惜，有機會想考證看看，究竟在老人家的社群裡面，是不是確實有「死了給公所收」這樣的說法。

回到松原惇子的書，作者認為孤獨死經過媒體的渲染報導，讓大家有先入為主的印象，才會如此可怕，但是孤獨死就一定是負面的事嗎？她請大家先讓頭腦冷靜下來，仔細思考看看。

在《長壽地獄》書中的下一個章節〈單身者的最後人生〉中，作者寫下了三個案例，可作為〈孤獨死是「理想的善終」〉這個章節的佐證。

第一個案例，是六十五歲未婚的女性，因為被妹妹發現多日失去聯繫，警方破門而入發現她腦溢血已死亡一週，但是桌上還擺著沒喝完的紅酒，顯見在這位女性去世前，享受了一段愜意優雅的時光。作者認為沒有家人同住的死亡，是很理想的狀態，因為這樣可以避免緊急送醫和維生治療。其他兩個案例也是類似的情況，但在敘述案例之後的論述，比較像是作者主觀的認知，還是難以作為「孤獨死是理想的善終」這句話的實證，因為就像我做的研究一樣，我們無法訪問已經死亡的當事人。

雖然難以確認死者的看法，但至少在本書的理念傳達下，在某部分的高齡者眼中，「孤獨死」不見得一定對應到負面的狀態，這是值得注意的一件事。

高齡九十三歲的日本精神科醫師中村恒子也有類似的看法，在她與五十五歲精神科醫師奧田弘美合著的書籍《微笑老後》裡，寫下她們兩人的對話：

奧田：「恒子醫生總說，孤獨死一點都不可怕吧？」

中村：「是啊！孤獨死沒什麼好怕的。死了不給任何人添麻煩，不是很棒嗎？我覺得，這是最理想的死法。」

日本知名的社會學者上野千鶴子，也在《一個人的臨終》一書中，談到比起醫療死和在安養院死亡，一個人獨居面對死亡，反而是她最為嚮往的方案。她很不解為何日本的老人在臨終前，都會被家人送去醫院，她覺得，在熟悉的家裡死亡，比起在醫療儀器、消毒水環繞下的死亡，要舒適多了。甚至有些癌末病人，選擇去安寧病房面對死亡，她也不是很認同，她認為選擇並堅持「在家臨終」，善用在宅送終人力資源的協助，才是實現終極幸福的方式。

醫療死比孤獨死更悲傷的佐證

與「一個人在家孤獨死」概念相對的死亡，就是號稱醫療發達之後，把生死大權交給醫院的「醫療死」。在現代性死亡的想像下，比較常見的狀況，是發現人的生命跡象出現危急訊號，送醫急救，在醫護人員及醫療儀器的圍繞下，邁向死亡的過程。如同前面案例中獨居老人黃爺爺的死亡，是在社工的訪視之下，發現黃爺爺的狀況非常不妙，緊急將黃爺爺送醫救治，最後在醫院離開人世。

如此情況下的死亡真的比「一個人在家孤獨死」更好嗎？根據蔡友月研究中對醫生做的訪談，為了避免醫療糾紛，臨床上面對臨終急救病人的作法，會默許醫生對已經死亡的病人插上氣管內管（Endo）。

「（主治醫師）還告訴我，有 Endo 在那，家屬會以為可以留一口氣回家。」*

期刊文章中寫到，有一位加護病房的護士在訪談中提到曾見過一位醫生，CPR拼命救、強心針拼命打，即使是對於仁愛之家的老人，他也是盡力搶救，不像有些醫生，因為仁愛之家的老人普遍沒有家屬，所以不用「努力表現出急救的樣子給家屬看」。蔡友月認為上述來自醫護人員的說法十分諷刺，表示仁愛之家的重病老人，因為沒有家人，反而可以享受類似安寧療護的醫療處置方案；有家屬的病人，卻常因為家屬不願意背負「救人不利」的罵名，而要求醫生一定要盡全力「搶救」，歷經電擊、插管等維生醫療的折磨，這麼說來，在家孤獨死亡比起在醫院搶救死亡的人，不見得比較不幸。

但持有「醫療死不如孤獨死」這樣的看法，也需要了解孤獨死的遺體和醫療死的遺體有何不同之處。在醫療陪伴下的死亡，能在最短的時間內將死者的遺體送往冰櫃保存，家人較難看到屍體腐敗的狀況。但若是孤獨死超過一段時間，遺體才被發現，實際上遇到的情況是如何呢？

韓國作家金完在《我是遺物整理師》一書中，寫到孤獨死一段時間後，死者的軀體會發生以下的變化：

* 蔡友月，〈生命的最後旅程：醫療科技與死亡儀式〉，載於成令方主編，《醫療與社會共舞》（臺北：群學出版社，二〇〇八），頁三一五。

死者的軀體並不像電影或電視劇中呈現的那樣，像睡著了一樣維持完整狀態。人死之後細菌增生，各種器官會膨脹，像吹氣球一樣越來越大最後爆炸，腹部爆開後會將所有液體傾瀉到體外。以成年男性爲基準，體內水分所占的比重高達百分之六十五。人體內的有機物質和水分一起湧出體外後腐爛，越過地下室的窗户和牆壁滲透出去，連巷口都飄散著這悲劇性的氣味。*

在NHK採訪小組針對無緣社會的採訪中，許多獨居受訪者都表示他們對孤獨死感到不安，尤其是聽聞附近有孤獨死的案例，即使過了五年，他們也不會當成是事不干己的情況，而是想著，哪一天會輪到自己。為此，這些受訪者自行擬定了一些策略，避免自己孤獨死多日才被發現，例如多打一份備份鑰匙存放在鄰居那裡、安裝紅外線感測器，確保一段時間沒有偵測到生物活動跡象，就會自動連線到保全公司；也有人在穿戴式裝置設定計步器功能，系統會把結果遠端傳輸給遠方的家人。**

T市的獨居老人關懷系統也引進了類似上述的電子設備系統，以穿戴式裝置，或者安裝在牆面上的熱感應偵測儀，監控長者的生命跡象。牆面上的設備也設置有「外出」和「緊急救援」按鈕，以科技的方式減少獨居老人死亡多日才被發現的悲慘情況。據了解，T市已將裝設這項偵測裝置列入獨居老人通報系統，新進案件幾乎評估後都會加裝，舊案則是陸續安裝中。可預知未來這類的科技輔助，甚至搭載AI智能的設備，會成為重要的工具，降低孤獨死多日才被發現，善後困難的情況。

＊ 金完，《我是遺物整理師》（新北：遠足文化，二〇二三），頁九十三。

＊＊ NHK特別採訪小組，《無緣社會》（新北：新雨出版社，二〇一五），頁一六一。

無人送終，生前契約可行嗎？

為了避免孤獨死無人處理造成社會的負面觀感，有些人會想到可以事先簽訂生前契約，在離開人世前，就指定後事辦理的細節，包含醫院接體服務、棺木、骨灰罐、告別式等，我在訪談聯合奠祭業者S先生的時候，有問到生前契約是否是解方的問題，有過實務經驗的S先生這麼說：「遇過完全無家屬的老人，他買了生前契約，他過世後，朋友就通知他的生前契約廠商，要履行生前契約的內容。結果，因為那個縣市的火化規定，領取遺體一定要是三等親才能領，火化也是要家屬才能申請。整個就卡住不能動了，哎，這也是生前契約很常遇到的爭議事件。後來協商的結果，還是走死亡公告，公告二十五天之後無人認領，殯葬所才讓契約廠商認領了遺體，去走完生前契約約定的喪葬流程……」

在和社工員小雨聊的過程中，也有問到社工在關懷獨居老人的時候，鼓勵老人去簽訂生前契約，是不是可以解決孤獨死的後續問題？小雨的回答同樣沒有那麼肯定：「如果要推動獨老簽生前契約或是保險，以避免上面這種狀況，我認為要顧慮的是，獨老是不是付得起這筆錢，如果簽約了卻繳不起這筆錢，反而對我們來說是很困擾。我有遇過不是獨老，他的家人跟葬儀社簽了生前契約，他過世之後，葬儀社又一直堅持喪事要給他們辦，而不是走聯合奠祭，我覺得要看他們有沒有辦法先付清葬儀社或是保險的錢。

有福利身分的話，聯合奠祭費用是全免的，印象中聯合奠祭的DM上，是有排幾個時間點可以做公祭，或聯合辦理的時間，然後可以讓還有家屬的去選擇，如果都沒有家屬的話，就交給聯奠去決定，去安排時間，把它結束掉。有的好像家屬會期待說，讓他衣服穿好一點還是什麼，好像聯奠還是會跟他們酌收一點費用，在家屬可以負擔的範圍。」

至於榮服處怎麼看待生前契約呢？我訪談顧先生時，他表示有生前契約當然是比較好，當我細問的時候，得知原來因為榮服處理所當然可以認領單身亡故榮民的遺體，不會像一般獨居老人，卡在非三等親不能認領的問題，顧先生這麼說：「單身的榮民，法規是寫我們是遺產管理人，所以我們可以領大體。我們都直接做好領大體的公函，只差名字是空白的，整本做在那邊，隨時把榮民的名字、身分證號填上去，因為我們跟殯葬管理所都有聯繫過，那裡也跟我們往來很多年了，那些承辦人都很熟啦，如果真的來個新的不懂，我也是翻法規跟他說啊，我說：『《兩岸關係條例》就很直接地說我是遺產管理人，你不讓我處理誰處理？我就放你門口嘛，你敢不敢？』他也不敢啊。所以基本上單身亡故的榮民不會有這種問題。」

在獨老關懷系統中，我曾經注意過一位獨居老人的案例，他也是屬於有買生前契約的例子，只是因為他有親屬在外地，親屬知悉他有買生前契約，所以在他生病送醫，病情快速惡化並選擇不做急救之後，社工問他的親屬是否會擔心？親屬回答不怎麼擔心後事處理，比較擔心如果進入長照費用的問題。

機構安老臨終的可能

近年來，對於超高齡社會的討論越來越多，即使政府尚未完全準備好，超高齡社會也會如期前來。根據二〇二二年《天下雜誌》的報導，全球人口在短短不到三十年之間，六十五歲以上人口將以驚人的速率增長百分之六，以八十億人口來計算，即是全球將有超過四千八百萬人，從原先的工作人口，進入到法定非工作人口的範疇，開始仰賴退休金、投資利息、家庭支援，或者是國家的老年救助津貼度過餘生。

在不遠的未來，人類的平均餘命愈來愈長，高齡人口愈來愈多的情況，究竟怎樣的老年生活，才是比較近乎理想的狀態？以上這個問題，在研究領域可以找到對應的區塊，例如一九九〇年代羅維（John Rowe）與卡恩（Robert Kahn），提出了區別「一般老化」（usual aging）及「成功老化」（successful aging）的概念，提倡成功老化應可分為：維持身體健康、認知能力及社會積極參與三大區塊。

為了比較這個論點，我們可從與「在地老化」相對的「機構老化」找到一些端倪。

依據洪士峰、巫麗雪對於在機構安老的研究，機構照顧通常不是華人期待的老年生活安排，但卻是臺灣長照制度下難以忽視的現象。截至二〇二二年五月，臺灣就有十三萬人口在機構接受照顧。對於機構住民而言，剝離了原先屬於在地的生活經驗和連結，老年生活會是孤獨而悲慘的嗎？該研究指出，經由去機構化的管理和日常管理，得以讓老人重新建立地方感（sense of place），這些老年機構居民經由自由且規律的團體生活安排，消解了面對死亡的不確定感，呈現一種淡然處之的生命態度。*

從日本的超高齡社會取徑，則是可以看出日本對於設立機構以安老，採取更為保守的態度。上野千鶴子《一個人的臨終》引用了不少日本官方的統計數據，指出由於設立機構代價高昂，各地方政府傾向不再增加安養院的數量，儘管在該書成書的二〇一五年，日本全國未能入住機構的高齡人口數達到五十二萬人。日本也早在二〇〇六年提出「廢止照護病床」的方針，對於日益龐大的高齡照顧人口，對應的政策越來越難滿足，於是放棄了增加病床、增加安養院的考量，而將超高齡社會的難題導向了一個方向——在家安老與在家臨終。

臺灣的方向呢？以T市為例，養老或照顧機構並非以地方政府設立的為主，而是輔導民間成立長照機構，並與機構簽約。符合資格的老人可以獲得失能老人長照機構補助，最高金額是每個月兩萬兩千元，但機構一般的收費是每月三萬元起跳，差額的部分就由老人自己的財產，或者子女補足。

臺灣的養老機構，有像士峰老師研究的那樣，符合老人尊嚴、形象和生活方式的機構，也有像協辦阿光曾經帶父親去參觀過的，環境不佳、對病患採取嚴格管控，讓人感覺失去尊嚴的機構。從我和協辦阿光在協助阿水阿嬤這一案，所觀察到的護理之家，則是介於兩者之間，像阿水阿嬤這樣的失智症老人，行動上還算方便，可以在機構裡比較自由地用拐杖走動，被放在輕症的一區，平常可和其他老人聊天、互動。

借鏡日本，對照到臺灣目前對設立機構的態度、機構的數量和增設的情形，可以合理地推斷，未來在機構臨終的人，會比在家臨終的人少很多。

在家臨終，還是多數人必須面對的課題，必須及早因應。

* 洪士峰、巫麗雪，〈在機構安老：鑲嵌在機構照顧下彈性的日常生活安排〉，《社會政策與社會工作學刊》，二十七：一（二〇二三），一－四十六。

無力殮葬與民間力量

在電影裡，「賣身葬父」的畫面大家應該不陌生，在古代的中國，市井小民的生活隨著王權的盛衰而隨波逐流，若連年征戰，或外敵入侵，或流寇四起，遭殃的都是百姓。許多困苦的百姓連自己的父母死了都無力埋葬，只好用「賣身葬父」這樣的下策，把自己的勞動力賣斷給富貴人家，祈求一副薄棺，可以讓死去的父母至少有個葬身之地。

古代中國以民間的力量處理客死異鄉的遺體，十九世紀時，改革家王韜曾說：「滬上善堂林立。」善堂即是古代收治異鄉人的民間單位，上海的死亡慈善事業版圖較其他地方為大，或許跟十九世紀的上海，匯聚了許多來自其他地方的異鄉人有關，處理這樣的遺體成為一種社會責任。

在我和士峰老師 meeting 的過程中，士峰老師提到近代的臺灣社會，民間資助無力殮葬的情況依然活絡。與芒草心等協會接觸之後，發現他們遇到無家者死亡，通常不會進入國家處理死亡的流程。探究原因，是因為「捐棺是一種很大的福報」這樣的觀念一直深植人心，因此在無家者死亡後，通常消息一發出，就會有善心人士踴躍捐助，幫無家者完成人生最後一程，因此不會進入到國家處理的程序。

《27場送行》一書的出版，也是源於善願愛心協會的創辦人郭大哥，在多年為無力殮葬者送終之後，有感於社會的善心，應該更發揚光大，讓更多人可以知道，並投身其中，進行的書寫與出版。

在《27場送行》的推薦序中，芒草心的祕書長李盈姿提到她一開始在醫院擔任社工時，本來不相信有單位會提供完全免費的殮葬服務，直到她與善願愛心協會郭大哥聯繫上，得知真的只需要家屬準備往生者的衣物、相片，及在告別式出席，承擔了原本放在家屬身上的經濟負擔和時間壓力，令她十分驚訝。

之後接觸到遊民領域，李盈姿更是發現，遊民去世後，家屬不願意出面處理後事的情況比一般人嚴重許多，這可能和遊民生前與家人或在金錢上、或在家庭關係上有恩怨糾紛有關。即使說出「我與父親老死不相往來，等他辦後事再通知我」的兒子，在被通

* 蕭旭智，〈「非理死」：死亡政體與生命政治的現代轉換〉，頁八。

知身為遊民的父親已經亡故之後，還是不願意出面。最後在善願志工的協助下，才發現原來兒子也有經濟困難的問題，靠著善願志工的愛心，才幫遊民完成了最後一哩路。

我自己在捐棺的經驗上，也是體認到只要動機夠強烈（例如可以因此產生業力讓房地產投資順利），「讓死後無力殮葬的人有個大厝可以居住」這件事，足以觸發許多人捐獻金錢的動力。只是，就如善願協會所說的，捐棺事實上是個迷思，因為無力殮葬者的家人，除了棺木以外，還需要經費去處理其他的喪葬事宜，例如火化的費用、冰櫃使用費、設靈堂等都要錢；再者有時在媒體的渲染下，一位死者可能被捐贈不只一副棺木，讓家人有被詛咒的感覺。

因此如果能把「捐棺」這件帶有個人期待的善行，轉換為捐助「聯合奠祭」，那麼民間力量與無力殮葬即能發揮更大的效益。

以下是整理部分縣市政府關於聯合公（奠）祭的捐款資訊，提供參考：*

・臺北市殯葬管理處線上聯合捐款

本愛心捐款金額隨喜，火化棺木及骨灰罐之金額乃參照本處歷年採購契約及市場浮動價格評估而定之參考價。

火化棺木及骨灰罐

主要用途：火化棺木及骨灰罐採購、亡者遺體入殮及推棺服務、骨灰罐刻字及瓷像費用、火化聯合奠祭亡者之相關費用等。

火葬棺木每具四千五百元、骨灰罐兩千元。

聯合奠祭相關事項

主要用途：聯合奠祭禮堂布置（含花山花海、高架花籃、背景布幕、樂隊、供品等）、奠祭司襄儀、禮儀服務人員、祭祀儀式之宗教團體及牧師、執事人員服務費、舉辦聯合奠祭之場所使用費等。

小額捐款兩百元、五百元、一千元、兩千元及自訂金額。

長年無人整理墳墓整理費

主要用途：於本處公墓雜草叢生、長年無人整理之墳墓修繕、清潔維護等。

自訂捐款金額。

* 此部分資訊之檢索時間為二〇二四年二月二十一日。之所以在此處放置上網可以查到的資料，是顧及到資訊落差。或許我的書會吸引到一些沒有辦法上網查詢資料的人。希望列出這些資訊，對各位有所幫助。

• **桃園市社會救助基金愛心捐款專戶**

户名：桃園市市庫存款户

匯款銀行：臺灣銀行

桃園分行帳號：026038-000011

指定用途：聯合奠祭使用

• **新北市政府殯葬管理處聯合奠祭捐款專戶**

本專戶戶頭有二：

一、郵局劃撥帳號：50217293

二、臺灣銀行板橋分行帳號：027038103851

本捐款支出範圍：

一、聯奠火化棺木。

二、聯奠骨灰罐。

三、聯合奠祭禮堂布置。

四、聯合奠祭供品。

五、聯合奠祭禮儀事宜及相關用品。

六、聯合奠祭系統維護費、捐款專用列表機及維護。

七、聯奠接體車。

八、聯奠靈車（本館至三峽火化場）。

九、協助無名（主）屍事宜。

十、原住民喪葬補助。

十一、聯奠遺照。

十二、臨時性業務支出費用。

十三、冷藏櫃電費。

十四、火化場瓦斯費。

十五、捐款工作委外費用。

十六、其他。

•臺中市生命禮儀管理處

銀行匯款：

户名：臺中市社會救助金專户
銀行別：臺灣銀行臺中分行
銀行代號：004
帳號：010003800188-6
郵政劃撥：
户名：臺中市政府社會局急難救助專户
專户帳號：22753731
請在備註欄指定捐款用途：臺中市生命禮儀管理處協助辦理喪葬補助用。

善願愛心協會行善體驗營

讀完《27場送行》，我對於郭大哥創辦的這個慈善協會，既佩服又感到好奇。《27場送行》記錄了二十七位往生者，透過善願愛心協會，或找到回家的路，或終於突破困窘的經濟壓力，辦了一場莊嚴的告別式；又或者，依然在冰櫃裡等待著來自家鄉的親友，出面把他們接回家。無論是哪一種，原本無望的，令人沮喪的現實，遇到善願愛心協會的志工們，彷彿點燃了一絲希望，像即時擦亮了一根火柴，照亮暗夜。

在郭大哥的自序裡，寫著善願愛心協會行善的方式：「星期天早上，我們照例在中山女高門口及臺中豐樂公園活動中心前集合。從一九九七年開始，至今持續了二十一個年頭……除非因颱風而停班停課，否則無論是過年，還是國定假日，永遠可以看到我們這群志工團隊的身影。」

那時論文又寫到卡關，就吵著要R帶我去體驗一下善願愛心協會的「行善體驗營」，照著書上寫的集合關鍵字和地點：「星期天早上在中山女高門口」，加上善願網站上的時間資訊，我們一家五口就開車前往，準備（亂入）協會一起行善。

到達中山女高門口時，果然看到一群人，拿著一個一個資料夾，低頭在研究什麼，看起來大家都有經驗的樣子。看到相對生澀的我們，有些熱心的志工大哥大姊開口招呼，尤其看到我家三個活蹦亂跳的男孩，大哥大姊一致地誇獎：「帶小朋友來行善體驗，這是最好的親子教育。」

我很汗顏，畢竟我做什麼常常都是憑著一時興起。這次參加行善體驗營，主要原因也就是讀了書，以及論文卡關，想要從中得到一些經驗值。不過不管動機是什麼，至少大家的目的都是行善。

之前看善願愛心協會簡介，說這是一個不接受募捐的協會，行善方式是「直接行善」，這是什麼意思呢？跟著志工們的腳步，我一點一點地體會到「直接行善」的意義。

埋頭研究資料夾的其中一位滿頭白髮的長者，應該就是郭大哥，大家喊他「會長」。他在清點了現場的人數後，把資料夾分給各組的組長。我們因為是第一次參加，所以五個人一起加入了一個小組，由有經驗的兩位志工帶領我們一起行善。

「下次來，你們五個人可以自己一組，我們通常一組是兩、三位。」志工解釋。

組長翻開我們今天要訪視的對象，簡單介紹了一下，受助者是年紀約五十幾歲的男子，自幼被原生家庭拋棄，由姑姑扶養長大，但因為姑姑近年來失智，入住療養院，他只有小學畢業，原本在工廠做工，卻因為中風和心臟手術的關係，無法工作，但又還沒有到法定年齡六十五歲，還算是「工作人口」，無法請領中老津貼。他平常獨自住在工寮裡，日前因為騎車自摔，入院治療，身上只剩幾百塊，急需外界支援。這位受助者的資料，據說是醫院社工提供的。緊接著大家掏出了幾張現鈔，這是隨喜樂捐，沒有規定一個人要捐多少，大家都拿出了一些錢之後，會長郭大哥也加碼了一千元，開始各組帶開，前往行善地點。

要到達受助者所在的工寮，停車後需要步行一段路，志工們提醒我們家調皮的小男孩們，待會會經過工廠，有一些機具和工地，務必注意安全。孩子們點頭表示聽懂了。果真我們走到了一座工廠，地上都是鋼材和散落的工具、材料碎屑，走到盡頭是今天要「行善體驗」的地點，志工熟練地拿起手機聯繫案主，在一個鐵皮搭蓋的臨時屋舍，看著案主有些吃力地從二樓樓梯走下來。

「你看，我們今天這麼多人來看你，還有小朋友耶！」

案主到達地面之後，志工拿出準備好的紅包交給他，並口頭鼓勵著：「志工們的善心，幫你籌了一點生活費，你要好好過日子，好不好？」

案主戴著口罩，但從眼睛和眉毛看得出他很開心今天大家的來訪，志工請我穿上協會的背心，一行人和案主來一張大合照。案主跟大家道謝，收下了充滿愛心的紅包。

不知道像這樣的日子，他要過多久？五十幾歲到六十五歲請領中低收老人生活津貼還有好多年，類似這樣的行善團有多少？被民間善心接住的人又有多少？永遠落在外面的怎麼辦呢？我在社會課看不到在法規的「符合」範圍外，民間急難救助的力量，而在這次的行善體驗中，可以稍稍了解。

只是我只參加過一次，而且參加的是急難救助的行善體驗，對於善願愛心協會如何幫助往生者，則是沒有接觸的經驗。下次有機會的話，想要再去體驗看看有關於殯葬的行善體驗營。也歡迎大家一起共襄盛舉。

第一次參加的我們，獲得了一本小冊子《善願愛心協會會/行善體驗營志工行善守則》，裡面共有二十九條，或許多少可窺知一些協會運作方向，茲將守則摘要如下：

- 本會宗旨：募人不募款。透過扶助弱勢個人及家庭的過程得到啟示，並將自己所看到不幸畫面及服務心得傳達給周遭朋友，讓愛心具有生命力及感染力，進而淨化及改造社會人心。

- 本會採「行善體驗營」方式，每四、五位志工編成一組，直接訪視待援助個人或家庭，給予精神慰藉、加油打氣、傾聽心聲及改善建議，並依現場實際狀況由每位志工由自己意願自掏腰包提供經濟協助，將愛心與善款直接送達案家。
- 本會行善體驗營活動係在每週日早上十點於集合地點舉行，由志工自發性參加，不再另行通知，全年無休。唯地方政府或因颱風或其他因素宣布停止上班上課，則活動自動取消。
- 弱勢家庭全套免費殮葬服務，從遺體接運開始至晉塔，可含免費塔位。一、凡低收、國保、勞保及社福機構等之補助款皆由家屬申領。二、本會不採聯合公祭，宗教需求皆有專屬廳堂。三、喪葬流程全由志工統籌操作處理，沒有委託任何葬儀業者，殮葬服務內容可查詢網站 www.goodwill.org.tw。
- 本會免費殮葬服務及致贈營養品之善款來源，係由每週日自發性集合的志工們自掏腰包，同時也是他們親力親為共同幫忙來完成任務，沒有接受外界捐款。（考量殮葬在民間習俗上稍有忌諱，因此志工們參與可自由、隨緣。）任何志工參加訪貧、殮葬、營養品、弱勢助學金及賑災等之自掏腰包款項，皆百分百用於案家，沒有任何一塊錢是行政費用。

想像死亡：若人生值得一場好死

大部分的人，都覺得人生應該要想辦法活得更好。這是理所當然的事，既然都已經來走這一遭了，那麼讓自己擁有健康的身體、豐富的心靈，美好的關係，一個可以遮風避雨的家，一份能夠實現自我的工作，就成為許多人的人生目標。如果可以，有人的還追求更多的金錢、權力、刺激的體驗，有的人喜歡隔一陣子就到處去旅行，有的人忍受生活的不便，只為了成就夢想。

但是人生走到終點之時，卻鮮少人有辦法控制自己的死亡。在「生命政治」的影響下，國家成為控制生死的那雙「看不見的手」。傅柯說，現代國家權力對於生命的掌控就從「取人性命」轉變為「不准人死」。

醫生被賦予「要以救人性命為首要考量」的職責，即使明知道急救措施只能維持病人的存活，卻嚴重戕害病人的身體自主權，也在所不惜。安樂死僅在少數國家實行，對於生命已經沒有盼望，想獲得自己生命最終自主權的人，必須花費大量金錢，飛去安樂死合法化的國家，去執行自己的死亡，而無法死在最熟悉的家鄉。

畢柳鶯醫師將陪伴母親漸進式自主死亡的經驗撰寫成書《斷食善終》，畢醫師的母親罹患了遺傳疾病——小腦萎縮症，家中有一些親人離世的過程，經歷過無數的痛苦，使畢醫師的母親看在眼裡，默默許下了自己將來一定要拿回生命自主權，絕不要走上和親人一樣，歷經臥床、插管、無效醫療，走進死亡的煉獄。

在畢醫師和家人的理解、陪伴下，畢醫師的母親順利以她自己想要的方式，以漸進式的斷食走向善終。畢醫師在她寫的兩本書《斷食善終》、《有一種愛叫放手》，大力提倡每個人都可以掌握生命自主權，以及用案例告訴大家，斷食善終的好處。如果有更多人能投入居家醫療，法規也同步修訂，那麼，像畢醫師的母親這樣罹患絕症的病人，就可以有除了長期臥床、插管、延命卻不保證生命品質的醫療之外的選擇。

這是一個理想。相信有許多人也跟我一樣，為畢醫師的書吸引、感動，也因此意識到人生除了值得好好活，也值得好好死去。在安樂死尚未合法化的今天，「斷食善終」不失為一個折衷的方法。

朋友組成團隊為獨居老人送終

前段談到的斷食善終，似乎是有家人可提供陪伴或照顧的人，獨享的死亡「福利」。對於沒有家人的獨居老人來說，究竟有沒有辦法實行呢？

令人振奮的是，日本已經有人試驗過了。在上野千鶴子的著作《一個人的臨終》中，描述了性別研究領域的竹村和子教授在友人組成的團隊陪伴下臨終的經驗。竹村和子由於是獨生女的關係，父母均已去世，未婚沒有小孩，被診斷癌症後，面臨了沒有家人可以照顧、陪伴的狀況。

竹村和子有許多跟性別、哲學有關的著作和研究，上野千鶴子回憶到，很欣賞她的機敏，每次參加相關議題的研討會，都會禁不住地想：「如果竹村和子女士還在就好了，她若還在，可以帶給這個世界多少新的見解啊。」

以河野貴代美為首的三十位竹村和子的友人，組成了一個名為「K團隊」的陪伴組織，這個團隊提供了在竹村和子與癌細胞搏鬥時必要的協助。她們以電子郵件作為主要聯繫的工具，透過密切的配合和分工，完成一項一項的任務。像是每天都有人輪流去竹村和子家中，幫她準備以玄米蔬食料理為主軸的健康飲食。在竹村和子臨終前，「K團隊」的成員們也陪伴她入住安寧病房，在醫生提供鎮定劑的幫助下，竹村和子女士安詳地離開世界。

「K團隊」的陪伴故事，提供了在未來獨居高齡者劇增的社會，一個可能的想像：即使沒有家人，在友人的輪流陪伴下，獨居老人也可以好好告別，不至於落入孤獨死而無人聞問的慘況。如果她願意的話，上野千鶴子認為，在家臨終也並非不可能。

分析「K團隊」組成的要素，《一個人的臨終》歸納出來有以下幾點：

一、廣大的人脈：竹村和子具備擁有「廣大的人脈」的特質，可以吸引團隊成員聚攏在她的身邊。

二、扮演神隊友的團隊領導者：「K團隊」的靈魂人物河野貴代美，她本身是一名心理治療師，擁有豐富的精神科臨床經驗，與竹村和子交情深厚，也同時擁有廣大的人脈。

三、成員幾乎都是女性：K團隊的三十位成員，只有一位是男性，其餘都是熟齡女性。日本女性在準備餐食及照顧人的方面，比日本男性做得更好許多。

四、成員人數充足且發揮所長：成員共有三十位，來自不同的地方，即使其中有成員有事，也會有其他成員遞補。成員也因為各有所長，所以在分工合作時提供了多元化的服務，像是在短期內實現了「竹村和子女性主義基金會」。

五、善用網路：成員們都熟悉且善用網路，利用電郵快速傳輸各種資訊，領導者河野貴代美則是負擔了資訊交換器的角色，減輕竹村和子的負擔。

總而言之，即使在日本，K團隊也是稀有的例子，但透過這一群毫無血緣關係的熟齡女性團隊，體現了獨居老人如何在友人的陪伴下，走向臨終的很好的演示。

對於一年也難得有人去看一次的獨居老人，有什麼條件談「斷食善終」呢？社會對自殺普遍有負面看法，曾經有獨居老人或中低收老人到公所求助，說他病痛和債務纏身，又和子女多年切斷聯繫，沒有任何一個人關心他的死活。說到傷心處，不禁脫口而出：「我有時候想想活著也沒什麼意思，還不如死了算了。」又或者淡淡地說出：「我曾經自殺過……」在櫃檯的我們其實也沒被教導過，應該要怎麼回應或應對，頂多通報自殺防治專線，但是根據我在市府開會得到的資訊，那條專線總共就一位承辦負責，他如果請假了，就不會有人去處理案件，公部門分工過細的情況，遇到人命關天的時候，似乎也沒有配套和因應的方式。想像中不管處在社會中哪一個位置的每一個人，發生了危急的狀況，國家都有義務要掌握；可是事實是國家時常都無法接住墜落的瞬間，生命政治的效能在邊緣是非常低落的。

要怎麼讓有輕生念頭的弱勢者，脫離那些令他感到絕望的事件或環境，這真的需要很多的支持和共識。

在我著手進行研究之前，對於死亡的想像是很匱乏的，很難想像這種人生必定要經歷一次，應該是無比珍貴的經驗，在現代社會是如此的諱莫如深。我自己經歷過母親罹癌，在醫院去世的過程，在醫護人員的幫助下，母親走得很安詳。對我來說，因為母親有好好道別，所以雖然很傷心，過程卻是一種療癒。

日本女演員樹木希林曾說：「如果當我們學會這樣想，其實得到癌症離世也許是最幸福的死法，因為它讓我們可以有時間去準備告別這件事。」

我目前看過最美的死法，則是畢柳鶯醫師《斷食善終》中提到海倫·聶爾玲（Helen Nearing）在《美好人生的摯愛與告別》（*Loving and Leaving the Good Life*）所描述的其中一種美好的死亡：

> 一九六三年，海倫的先生史考特（Scott Nearing）寫下了八十歲的遺書：
>
> 第一、當我病危時，我希望能順其自然的死亡。
>
> （一）我希望能待在家裡——而不住在醫院裡。

（二）我不希望有醫生在場，他們既不懂生命，又不懂死亡。

（三）如有可能，我希望能自己死在屋外的曠野上。

（四）在臨死前，我希望禁食，盡可能地不吃任何食物，也不喝任何飲料。

第二、我希望能清醒地體驗死亡的過程，因此，不要用任何止痛劑或麻醉劑。

第三、我希望能盡快地、悄悄地死去，所以：

（一）不用注射點滴及強心劑，不需輸血、食物和氧氣。

（二）在場的人不用悲傷和遺憾，他們需要保持鎮靜，表示理解和喜悅，平靜地共同體驗死亡的過程。

（三）神祕現象的具體化亦是一個廣泛的經驗領域。我在活著的時候能充分地發揮自己的力量，當我去世的時候，亦能滿懷希望。死亡既是一種過渡（transition）、又是一種覺醒，它體現了生命過程的不同方面。

給計畫獨居安老的你一些建議

當我展開了「獨居老人死亡研究」的旅程，身邊開始有單身的朋友，跟我吐露對未來的擔憂，比起有另一半和小孩的人，這些單身朋友對於孤獨有更豐富的經驗，也有更高的風險意識，去提早因應可預知的未來。

寫這本書，除了把我的研究再做一次梳理，把當時認真做的訪談，和認真被我訪談的處理獨居老人後事的經驗盡可能呈現出來。另外一個目的，就是希望能藉由這本書，減少因為獨居死亡無法被即時知道，而衍生的大體變質、內臟器官破裂、屍水橫流等，出現的惡臭和蟲蠅，甚至老鼠，都會引發社會的不安，也就是道格拉斯所說的「不潔」，進而影響到房價，以及房東出租房屋給高齡者的意願，影響是全面性的。

既然以深度訪談作為研究的基底資料，我能提供的貢獻之一，就是把上萬字的逐字稿，消化成大家可以輕易解讀的內容，整理出在生命的末端，或者彼岸，那些鮮少有人知曉，卻對正在讀這本書的你來說，是個應備知識的「人生最後大事」。

以下就我蒐集而來的資訊，稍微整理，為大家解除一些疑問。

一、鄰里互助

若你老後無親屬可以託付，要知道孤獨死不可怕，甚至獨自在家中去世，反而是一些人求之不可得的狀態。比起長時間的臥床，被各種維生設施和他人照顧主導日常，一點一滴失去生命的尊嚴，獨自面對死亡反而是更踏實的選擇。但令人擔心的是，死亡沒有被即刻發覺，導致遺體放置多日才被發現、處理，那畫面光想像就讓人不安。

電影《超難搞先生》（*A Man Called Otto*）就有許多關於獨居老人的生活側寫。（以下劇透，請斟酌閱讀。）原本男主角對人生感到失望，也不願和別人有任何連結，在新搬來的鄰居不厭其煩地求助，並透過一些事件打開他的心扉之後，雙方建立起類似家人間的關係。直到有天早上，鄰居發現他不像平常一樣出門剷雪，在敲門未獲回應後，警覺地使用備用鑰匙進入他的家中，發現他已在睡夢中自然死亡。若是生前沒有跟鄰居建立友好的連結，以男主角獨居，加上時值大雪冰封的冬季，他搞不好要到春天才會被發現已死亡在屋內多時。

二、監護宣告

要是能運用鄰里互助的力量，及早發現獨居死亡的狀況，自然是再好不過。但我在工作上，見過一些原本有朋友願意陪伴的獨居老人，卻在失智症的侵襲下，失去了朋友的陪伴關係。因為失智導致的大腦退化，這些原本和善、親切的老人，會開始莫名其妙地質疑朋友拿他們的錢財，不記得自己什麼時候提過款，付過哪些錢，就會把矛頭指向原本最信任的朋友。

這些朋友最後在無奈之下，也只能選擇離去，因此已經失智的獨居老人，面臨了更嚴重的孤獨感，加劇了孤獨和失智的症狀。

在法律上有「監護宣告」這樣的設定。

以下介紹有關「監護宣告」的規定，來源為司法院網站。

（一）什麼是監護宣告

對於精神障礙或其他心智缺陷，致不能爲意思表示或受意思表示，或不能辨識其意思表示效果者，法院得依聲請人之聲請，爲監護之宣告。此時該受監護宣告之人成爲無行為能力人，法院除了同時選出一位監護人來擔任他（她）的法定代理人外，也會再選一位適當的人跟監護人一起開具受監護宣告人的財產明細清冊。

（二）誰可以向法院聲請監護宣告

本人、配偶、四親等內之親屬（即父母、祖父母、子女、孫子女、兄弟姊妹、堂兄弟姊妹等）、最近一年有共同居住事實之其他親屬、檢察官、直轄市、縣（市）政府或社會福利機構。

（三）要向哪個法院提出聲請

監護宣告要向應受監護宣告人住所地或居所地的法院聲請。

（四）聲請時要準備什麼資料

以下僅供參考，具體個案仍由法院依法處理：1、應受監護宣告之人、聲請人、擬擔任監護人及會同開具財產清冊人的户籍謄本各一份。2、應受監護宣告之人之醫生診斷證明或殘障手冊影本。3、其他法院請聲請人提出之文件。

三、生前契約

在被問到無親屬的獨居老人去世後，後事希望依照本身的意願來辦，生前契約是否是一種解方？依照社工小雨服務獨居老人的經驗，和聯合奠祭業者S先生在認領遺體方面的經驗，礙於現行的遺體認領規定（請注意，是規定而不是法律條文，但是就是因為沒有明確的法律條文，才會變成各自解讀，以人治為主的狀況），非三等親不能認領遺體，如果是骨灰「燒成霧那就無所謂」。但這就意味著，生前契約廠商可能會卡在非三等親不能認領遺體的這一關，無法如約幫忙簽約者依其意願辦理後事。也許會等到公所走完公告程序（前提是公所的承辦願意接下公告的案子，並且沒有遇到承辦請長假、換人交接，導致整個案子被「忘記」的狀況），聯合奠祭廠商協助火化遺體之後，生前契約廠商才能將骨灰領走，這樣一來，許多約定的喪葬事宜，都不能實現了，這樣廠商該退款給誰呢？

聯合奠祭廠商S先生對於生前契約廠商礙於領取遺體規定的限制，無法如約幫簽約者辦理後事，則是提供了實務上的解決方式，或許可以提供參考：「很多人買了生前契約，結果沒有人去執行的話怎麼辦？辦火化需要三等親，禮儀公司發現他沒親人就沒有人可以領遺體。他已經買契約了，他沒使用，我要退費給他，他已經死了，我找誰退？這時候就要找區公所的人，給他看契約，請長官批示。」

對未來打算獨居終老的人來說，最大的不安在於這個不確定的狀態。如果法規和執行層面都很完善，那我們自然可以放心把自己的後事交給生前契約，在國家的層面也不會有廠商無法認領遺體的問題，那種卡住的狀態，光是想像就令人頭皮發麻。

既然問題已經浮現了，那麼檢討改進都還來得及。是時候去檢討認領遺體的限制了。生前契約本是立意良善的設計，讓生者可以安心地交付自己的後事。為了避免發生契約廠商無法認領遺體的問題，應該督促殯葬管理機關與生前契約廠商事先做好資料的勾稽，讓有訂定生前契約，並按時繳款的往生者，契約廠商可以順利地領取遺體，並依照契約完成往生者的遺願。

四、預立遺囑

在我的生活或工作上，遇到遺囑的情況並不多見。但當我在寫完論文，跑去訪問榮服處的願先生時，發現處理遺囑似乎是他日常工作的一部分。於是在訪談末了，我問他：「因為目前我在進行論文改寫社會書的寫作計畫，我想要在最後一個篇章，給未來計畫，或被迫獨居終老的人一些建議，你覺得立遺囑是好事嗎？」

「如果有遺囑，當然會比沒有立遺囑好。」顧先生可能有點驚訝我會這麼問，但我是真的不知道在現行國家處理後事的過程中，有遺囑到底算不算是一件好事，所以誠心地想問個清楚。

「那請問遺囑要怎麼立，會比較合適呢？」我會這樣問，是因為在訪談中，顧先生有提到一些關於遺囑的爭議事項，例如自書遺囑要件不完整，被法院推翻；又或者當事人寫了不止一封遺囑，會遇到拿舊的遺囑來請求遺產分配的不理性民眾。

「遺囑有五種*，通常我們在上課，都不建議榮民伯伯們使用什麼口述遺囑，因為那真的會有爭議。其實我們都有預立遺囑的政策。我們會在榮民伯伯生前，意識還清楚的時候，帶他去立遺囑，遺囑的形式以『公證遺囑』最好。因為公證遺囑經公證程序，可以去法院公證處或找民間公證人都可以。因為你看民間公證人的牌子都會寫『O

* 立遺囑的方式，依照《民法》第一一八九條規定，包括自書遺囑、公證遺囑、密封遺囑、代筆遺囑、口授遺囑等五種法定方式。

O地方法院所屬民間公證人OOO』什麼的，他們也是屬於法院管轄的，都有一定的確信和效力。但是自書遺囑很容易產生比方說筆跡的問題。他可能在亡故前五年寫的，但在臨終前，手已經抖到不行了，所以我們有時候在做筆跡鑑定的時候，會沒辦法鑑定。還有意識狀態的問題，像我就跟OO醫院打過筆戰，因為某案主亡故當天才寫遺囑，我就要求意識狀態要是清醒的。

他們一開始用個資法打我，我又用個資法打回去，所以他們法務還打給我說：『願先生，可不可以不要這樣子，我們不想捲入遺產的紛爭。』我說：『人在你們那邊走了，本來就應該要有記錄啊，當天你們醫護人員都沒有查房的記錄嗎？』後來才提供給我，我一看說，榮民伯伯還能夠表示拒絕急救，還能夠表示不要插管，很不舒服，他都有記錄，表示意識狀態是ＯＫ的，我就判定那個記錄有效。可是，如果是公證遺囑，就不會有這些問題。我通常建議要預立遺囑，最好就是公證遺囑。透過公證程序，比較嚴格啦。如果是代筆遺囑，我們也發生過，兩個社區組長也很好心嘛，幫榮民伯伯做代筆遺囑，做見證人，結果見證人在中途去上個廁所，法官就認為，你沒有全程見證，遺囑無效。因為代筆遺囑要說明、講解、讓所有的人知道，才能夠簽名，因為你有離開，這份代筆遺囑有瑕疵。真的，遺囑的程序是很嚴格的，我們現在在做教育訓練，也是說，榮民伯伯有一些需要交代如何分配錢的話，再花一小筆錢，去做個公證遺囑。」

關於公證遺囑準備手續及費用*，我整理了司法院網站的資料：

（一）辦理遺囑公證之手續

遺囑公證，有堅強之法律效力。關係親屬間權利甚大，申請手續如下：

1、依民法規定遺囑種類計有五種，公證遺囑爲其中之一。公證遺囑之方式，由遺囑人在公證人之前口述遺囑意旨，並有見證人兩人在場，由公證人筆記作成遺囑，向在場人宣讀、講解，經遺囑人之認可，與見證人、公證人簽名，其手續始爲完成。（另有自書遺囑、密封遺囑、代筆遺囑亦可公證。）

2、遺囑人可偕同見證人親至公證處或民間公證人事務所（以下簡稱公證處所）辦理，均應攜帶國民身分證及印章，公證遺囑不可授權他人代爲辦理。遺囑人因衰病不能外出者，得請求公證人至醫院或其家中辦理。

* 〈如何辦理遺囑公證？〉，司法院網站，https://www.judicial.gov.tw/tw/cp-1654-2756-bde3e-1.html。檢索時間：二〇二四年二月十二日。

3、聲請時須填寫公證請求書一份，在公證處所購買，每份新臺幣兩元。

4、遺囑內容關於財產事，應提出財產證明文件，如內容甚繁，遺囑人不能記憶者，得提供書面記載，指示公證人記錄。

5、遺囑人如因病或年老，精神耗弱，不能清楚表示意見，僅憑他人指示，答以是或否，或用搖頭點頭表示意見者，難以據此作成公證遺囑。

6、見證人須非親屬及對遺囑事件無利害關係並年滿二十歲以上之人方可擔任。

7、遺囑內容涉及處分遺產者，應提出所有繼承人記載文件及未侵害他應繼承人之特留分的證明文件。

（二）公證費用

公證費用按標的之金額或價額，依下列標準收取之，如附加強制執行條款者，加收二分之一：

1、二十萬元以下者，一千元。

2、二十萬元至五十萬元者，兩千元。

3、逾五十萬元至一百萬元，兩千元。

4、逾一百萬元至兩百萬元者，四千元。

5、逾兩百萬元至五百萬元者，五千元。

6、逾五百萬元至一千萬元者，六千元。

7、逾一千萬元至五千萬元者，其超過一千萬元部分，每一千萬元加收兩千元；不滿一千萬元者，按一千萬元計算。

8、逾五千萬元者，其超過部分，每一千萬元加收一千元；不滿一千萬元者，按一千萬元計算。

五、朋友「臨終陪伴團」的組成

從《一個人的臨終》，可看到由友人組成的陪伴團，力量可以有多大。竹村和子女士的「K團隊」體現了在無家人陪伴送終的情況下，由友人組成的臨終陪伴團，如何在分工合作的情形下，完成任務。

這個團隊之所以運轉成功，有幾項要素是很關鍵的，前面章節有整理這些必備要素，但僅提供參考。未來社會面臨到此項情況，可能會愈來愈頻繁，會發展出什麼樣的陪伴模式，亦是令人期待。

後記

如果你也和我一樣好奇……

比起寫論文的痛苦，寫書的過程其實是療癒的，用我比較擅長的散文，去寫出這三年在社會課的所見所思，比起要我從理論中發展出什麼研究，無疑是輕鬆多了。

我曾經參加過線上的「論文改寫社會書」講座，聽過幾位作者分享他們花了一年到三年，甚至更長的時間，才把論文改寫成書。心中一直有個「底」，寫這本書可能也要花個幾年吧？

沒想到一切都這麼迅速，我在論文最後定稿的那段時間，一如往常地去新星巷弄書屋參加講座，記得那場是桃園高中婕敏老師導讀《美麗新世界》（*Brave New World*）的場次，恰好逗點文創結社的夏民也在。會後夏民和我聊了起來，我提到我在寫獨居老人死亡的論文，問他有沒有編過論文改寫社會書的經驗？他說他沒有這方面的經驗，但是可以幫我介紹。

我原本以為他只是場面話說說而已。沒想到隔天他就傳臉書訊息，介紹大塊文化的小歐給我認識。那天我在A7附近參加《龜山不是島》的分享會，在馬路邊就和小歐用訊息聊了起來，我傳了我的論文大綱，還有大致說明了一下我在研究的內容。

小歐表示很有興趣，但她也說，論文和商業書還是有蠻大的差異的。我說我知道，其實我應該算是比較擅長書籍的寫作，比起論文的話……

我丟了我之前寫A君和雲秋阿嬤的臉書貼文給小歐，還有稍微寫了一下這本書的原始大綱，小歐動作非常迅速，我週日把文件分享給她，週三她就通知我，大塊的內部提案通過了！（宇宙加速顯化真不是蓋的。）

在洽談出版事宜的同時，小歐給我一個驚人的截稿期限——二〇二三年九月底。在我討價還價之後，延到了十月中。我瞪著行事曆……中秋、重陽夾擊，還有百歲人瑞和接著來的福利總清查啊，好樣的。但我沒在怕，都已經醞釀這麼久了，到底還要拖什麼呢？

之前在玩「創作催狂魔計畫」的時候，很喜歡《黑鏡》（*Black Mirror*）編劇查理．布洛克（Charlie Brooker）說的那段話：「不要談什麼天分、運氣，你需要的是一個截稿日，以及一個不交稿就打爆你狗頭的人，然後你就會被自己的才華嚇到。」

小歐當然沒有打爆我的頭，但是她給了我一個當時認為不可能的截稿日，造就了這本書的誕生。

這是我第一次和出版社合作出書，對我來說是很新鮮的體驗。玩過自費出版，我覺得有必要體驗看看與出版社合作，出版我的第二本書。第一本書是詩集，出版的過程發生很多好玩的事，我也期待第二本書，匯聚了這麼多新的能量，能夠帶我去到更深更遠，更不可思議的地方。

如果你遇到了這本書，如果，你也和我一樣，對世界、對死亡充滿好奇，那麼，我們會相遇的。帶著這世界最大的祝福和愛，讓我們明亮、溫暖的相遇。